①NCベースフィルム

②ジアゾフィルム

③ベシキュラーフィルム

④酢酸による空調機内部の腐食

⑤酢酸による緩衝材の露出

⑥硫化による変色

⑦マイクロスコピックブレミッシュ

⑧銀鏡

⑨剥離

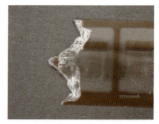
⑩ベースの破断

⑪フェロタイピング

⑫劣化したTACベースのジアゾフィルム

使用例	有機酸用	アンモニア用
	 変色前　変色後　㈱内外テクノス提供	変色前　変色後　同左

⑬パッシブインジケータ

⑭A-Dストリップとその調査票

JLA 図書館実践シリーズ 27

図書館資料としての
マイクロフィルム
入門

小島浩之 編

日本図書館協会

**Introduction to Microfilm as Library Materials:
its structure, characteristics, conservation,
current status and future issues**
(JLA Monograph Series for Library Practitioners ; 27)

図書館資料としてのマイクロフィルム入門 ／ 小島浩之編. －東京 ： 日本図書館協会, 2015. － 180p ； 19cm. －（JLA図書館実践シリーズ；27）. － ISBN978-4-8204-1420-9

t1. トショカン　シリョウ　ト　シテ　ノ　マイクロフィルム　ニュウモン
a1. コジマ, ヒロユキ　s1. 資料保存　①014.6

はじめに

　本書は，図書館員がマイクロフィルムを取り扱うに際し，念頭に置いておくべき基礎的な事項について，最新の研究成果も取り入れつつ体系的に解説を試みたものです。

　本書は 3 部構成となっています。第Ⅰ部「フィルム資料の基本」では，マイクロフィルムの構造や種類，取り扱い方法からはじめて，その利用の歴史や製造・撮影の概要までを解説します。第Ⅱ部「フィルムの劣化と保存環境」では，マイクロフィルムの劣化と保存について，特に保存環境という部分に焦点をあててゆきます。第Ⅲ部「現状と課題」では，統計データや各種調査に基づく最新の研究データから，日本の図書館におけるマイクロフィルム保存の現状について述べ，図書館の保存対策業務において，マイクロフィルムの保存をどのように位置づけるべきかを考えます。

　本書は冒頭から通読してもよいですが，図書館業務における必要性や読者の興味に応じて拾い読みしてもよいように，重要な事項は，各部・各章の間での繰り返しを厭わず，相互参照と索引をできるだけ充実させてあります。また，結論や事実だけを述べるのではなく，その理由や意味を可能な限り説明するように努めました。

　さて，デジタル全盛の時代にこのような書物を出すことの意義についても少し述べておく必要があるでしょう。フィルムのようなアナログ資料が，今後どのようになるのかはまだ予測がつきません。しかし，仮にいまフィルムの新規製造が中止されたとして

も，この 200 年あまりの間に作製されたフィルム資料は世界中に巨万とあります。過去の蓄積をすべてデジタルに変換するには相当な時間と手間がかかります。つまり，図書館がいま真剣に考えなければならないことは，これまでに蓄積されたアナログ情報をどのように後世に伝えていくべきかということに尽きるのではないでしょうか。

東日本大震災では，多くの文化財が失われました。しかしながら，図書館などに保存されているフィルムには，これら滅失した文化財が写されている場合も少なくありません。この意味で図書館が保存する多くのフィルム資料は，原本に代わる文化資産としての価値を有しているといえるのです。したがって，図書館がこれを所蔵する限りにおいては，図書館員がその扱いに習熟しておくのは当然ではないでしょうか。

また，本書の随所で述べているように，デジタル技術は媒体としての保存性，情報の精度のいずれをとっても，フィルム資料にまだ追いついてはいません。豊かな情報を保存できるフィルムを，利用に便利だから，時代の流れだからという理由で廃れさせるのは，図書館にかかわる者として本当に正しい選択なのでしょうか。

本書編集中の 2014 年 12 月に，徳島県の豪雪でいくつかの集落が孤立しました。この際に問題となったのは，集落への電話回線が IP 電話だけであったため，電気が使えなくなった時点で連絡がまったくとれなくなったことでした。私たちは，この災害からデジタル以外の手段を排することがいかに大きな危険をはらんでいるかを学ばなければなりません。

このように本書は，図書館所蔵資料の現状から判断して，図書館員はフィルム資料の取り扱いに基礎的な知識をもっておくべきであるという考えと，デジタル化一辺倒という流れへの警鐘とい

う二つの観点に立脚しています。いずれもその根底にあるのは，「未来のために情報を残す。そのために図書館は何をすべきか」ということにほかなりません。

この意味で本書は，単なるマイクロフィルム保存のための解説書というよりは，むしろ図書館における資料保存のあり方を，マイクロフィルムを例に論じたものと考えていただいた方がよいでしょう。

マニュアル的な使い方だけでなく，本書に通底するこれらの考え方を感じながらお読みいただければ幸いです。

2015年3月

小島浩之

■本書の執筆分担は次の通りです。第Ⅰ部（1章：小島浩之，2章：上田修一，3章：野中治），第Ⅱ部（1章：小島浩之，2章：佐野千絵），第Ⅲ部（1章1-2節：小島浩之，1章3-4節：安形麻理，2章：矢野正隆）
■本文中では，™・®マークは省略しています。
■本書は，日本学術振興会科学研究費補助金・基盤研究（B）「文化資産としてのマイクロフィルム保存に関する基礎研究：実態調査からの実証的分析」（課題番号：24300094・研究代表者：小島浩之）による研究成果の一部です。

目次

はじめに　iii

第I部　フィルム資料の基本……………1

●1章●　マイクロフィルムの基礎知識………………2

1.1　資料としてのマイクロフィルム　2
1.2　マイクロフィルムの構造と種類　4
　(1)　マイクロフィルムの構造　4
　(2)　マイクロフィルムの種類と世代　6
　(3)　ベースの見分け方　10
　(4)　画像形成方法の見分け方　11
1.3　マイクロフィルムの取り扱いと収納　12
　(1)　フィルムの表裏と巻き方　12
　(2)　フィルムの取り扱いの原則　12
　(3)　フィルムの収納と包材　13

●2章●　メディアとしてのマイクロフィルム…………15

2.1　マイクロフィルムの出現と影響　15
　(1)　マイクロスコープ　16
　(2)　V-Mail　17
2.2　20世紀中期のニューメディア　18
　(1)　ドキュメンテーションとマイクロフィルム　18
　(2)　メメックス　19

（3）　PBレポート　　20
　　（4）　COM目録　　22
2.3　マイクロフィルムのコレクションの種類　　23
　　（1）　独自作製のマイクロフィルム　　23
　　（2）　市販のマイクロフィルムの購入　　24
　　（3）　文書　　25
　　（4）　集成　　25
　　（5）　雑誌　　27
　　（6）　新聞　　28
2.4　資料保存の媒体としてのマイクロフィルム　　30

●3章●　製造・撮影現場からみたマイクロフィルム
　　　　　　　　　　　　　　　　　　　　　　　　　　　33

3.1　フィルムの製造から撮影・現像まで　　33
　　（1）　フィルムの製造　　33
　　（2）　フィルムの組成　　34
　　（3）　フィルムの撮影とその機材　　37
　　（4）　フィルムの現像　　38
　　（5）　16mmフィルムと35mmフィルム　　40
3.2　マイクロフィルムの特性　　41
　　（1）　フィルムの解像力　　41
　　（2）　デジタルとフィルムとの画質比較　　43
　　（3）　デジタルか，それともアナログか　　45
3.3　大規模マイクロフィルム化の作業　　47
　　（1）　マイクロフィルム化と代替保存　　47
　　（2）　目録データとマイクロ化　　48
　　（3）　洋書とマイクロ化　　49

目 次

 (4) カラーマイクロフィルムとデジタル化 50
 (5) マイクロ化・デジタル化作業の留意点 52

第Ⅱ部　マイクロフィルムの劣化と保存環境……………53

●1章●　マイクロフィルムの保存と劣化対策…………54

1.1　マイクロフィルムの劣化とその要因 54
 (1) 劣化とは何か 54
 (2) マイクロフィルムの長期保存のための三要素 54
 (3) ビネガーシンドロームと酢酸による影響 55
 (4) 変色と褪色 58
 (5) 温湿度に起因する劣化症状 61
 (6) 非銀塩画像フィルムの劣化 63

1.2　マイクロフィルム劣化対策の基本 63
 (1) 温湿度管理 63
 (2) フィルムの分離保管 66
 (3) 放散作業 67
 (4) 包材交換 68

附節　水損フィルムの復旧について 68

●2章●　フィルムの保存環境……………70

2.1　資料保存のための環境整備 70
2.2　温湿度管理とカビ対策 76

- (1) 温湿度管理　76
- (2) カビ対策　80

2.3　空気清浄と酢酸対策　85
- (1) 空気清浄　85
- (2) TACフィルムから放散される酢酸への対策　90

第Ⅲ部　現状と課題　95

●1章●　日本の図書館における　マイクロフィルムの保存の現状　96

1.1　公的統計からみたマイクロフィルムの現状　96
1.2　訪問調査からみたマイクロフィルムの現状　99
- (1) 調査の前提　99
- (2) フィルムの受入・管理状況　101
- (3) フィルムの劣化状況　102
- (4) 主な劣化対策　103
- (5) 利用の状況　103
- (6) 保存施設・設備の状況　104

1.3　質問紙調査からみたマイクロフィルムの現状　106
- (1) 質問紙調査の概要　106
- (2) 回答数　112
- (3) 所蔵状況　112
- (4) 受入状況　117
- (5) 運用　120

目次

  (6)　保存管理　121
  (7)　フィルムの種類による取り扱いの区別　123
  (8)　フィルムの劣化　125
  (9)　質問紙調査のまとめ　128
 1.4　**自由記入から浮かび上がる諸問題**　129
  (1)　分析の方法　129
  (2)　多く言及されていた問題　131
  (3)　保存環境　133
  (4)　劣化　134
  (5)　対策　135
  (6)　マイクロ・リーダー　136
  (7)　利用　137
  (8)　媒体変換　138
  (9)　フィルムのあり方　140
  (10)　マイクロ資料に関する悩みと保存の手引き　140

●2章●　マイクロフィルム保存のための方策 ………142

 2.1　**マイクロフィルム保存の考え方**　142
 2.2　**劣化発症の前に**　145
 2.3　**劣化対策の初動**　149
  (1)　劣化対策の態勢とは　149
  (2)　劣化対策の初動1
   　－閲覧時，フィルム本体に異変が見出された場合　150
  (3)　劣化対策の初動2　－保存空間に酢酸臭がした場合　151
 2.4　**状態調査**　154
  (1)　状態調査の目的と手順　154
  (2)　調査のプロセス1－群から個へ　156

contents

　(3) 調査のプロセス2－主観的判定から客観的測定へ　158
2.5 調査のあとで　161
　(1) 調査と通常業務の架橋　161
　(2) 利用のための保存，保存のための利用　164

おわりに　166

注　168
事項索引　174

第 I 部

フィルム資料の基本

1章 マイクロフィルムの基礎知識

1.1 資料としてのマイクロフィルム

　図書館所蔵資料の多くが紙媒体であることは，異論のないところでしょう。紙は中国で発明され，後漢の宦官・蔡倫の紙改良は，書写材料としての紙の地位を揺るぎないものにしました。紙は記録材料として 2000 年近い実績を誇っているとともに，期待寿命（実験室での各種劣化実験のデータから導き出された寿命の予測値）も中性紙であれば，最大 700 年程度あるものと考えられています（表 1）。

表1　主な図書館資料の媒体の使用歴

媒体名	使用開始相当年（西暦）	使用歴（2015年基準）
紙	105 年	1911 年間
マイクロフィルム	1839 年	177 年間
レコード	1857 年	159 年間
オーディオテープ	1935 年	81 年間
データテープ	1953 年	63 年間
ビデオテープ	1965 年	51 年間
フロッピーディスク	1972 年	44 年間
光ディスク	1977 年	39 年間

　では，図書館資料において紙に次ぐ歴史や期待寿命を有する媒体とは何でしょうか。これはフィルムをおいてほかにあ

りません（表2）。なかでも図書館では，文字の撮影に特化した性質をもつマイクロフィルムがよく用いられてきました。

表2　媒体の寿命[1]

種類		寿命
紙（中性紙）		250〜700年
紙（酸性紙）		中性紙の1/4
マイクロフィルム（PET）		約500年
LPレコード		約100年
磁気テープ		30年以上
フロッピーディスク		20年以上
光ディスク	CD-R	10〜30年
	DVD-ROM	約30年

マイクロフィルムは，1939年にジョン・ベンジャミン・ダンサー（John Benjamin Dancer）が，資料の160分の1の写真を撮影してから200年近い歴史があり，期待寿命も良好な保存環境下で約500年とされています。このように歴史的経緯からすれば，図書館において紙とフィルムは記録媒体の双璧であり，フィルムの所蔵量はかなりに上ることが推測されます。

マイクロフィルムは，被写体を縮小して記録・保存でき，必要に応じて原本と同程度に拡大・複写できるため，図書館では代替保存の手段として用いられてきました（☞Ⅰ部2.4）。この点は，同じフィルム資料でも，フィルムそのものがオリジナルである映像・写真フィルムと大きく異なるところです。

ところで，著名な古典籍は原本が存在することは稀で，写本や刊本という複製物によって今日まで伝えられてきています。このことは私たちに，複製物は原本が滅失すれば原本と

同等の価値を有するということを教えてくれます。こういった観点からマイクロフィルムの資料価値を見直せば、マイクロフィルムには、代替資料ではなく原本相当資料として文化資産となり得る価値があることがわかるのです。

1.2 マイクロフィルムの構造と種類

(1) マイクロフィルムの構造

マイクロフィルムは、色素の有無により白黒フィルムとカラーフィルムに分けられます。ここでは図書館資料として最も一般的な白黒フィルムをとりあげて、利用と保存の両面からフィルムの構造を理解しましょう。なお、カラーフィルムについてはⅠ部3.1で解説します。

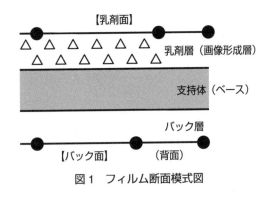

図1　フィルム断面模式図

図1は、最も一般的な銀-ゼラチン（銀塩）マイクロフィルムの断面の模式図です。映像・写真フィルムの場合も、白黒のものであれば組成はほぼ同じです。実際のフィルムは、さ

らに多くの層からなっていますが（☞ I 部 3.1　図 11），保存のための理解ということであれば，乳剤層（画像面）-支持体-バック層（背面）の三層構造としてとらえておけば十分です。

　乳剤層は，画像を形成する重要な部分で，感光膜，感光乳剤層，画像形成層，エマルジョンなどとも呼ばれます。銀塩フィルムの場合，乳剤はゼラチン中にハロゲン化銀が分散した状態（懸濁）のものです。図 1 で△で示されるのが，ゼラチン中に分散するハロゲン化銀の粒子です。ハロゲン化銀とは，臭素，塩素，ヨウ素などのハロゲン族と銀の化合物の総称で，感光性が強く可視光に反応して銀を遊離しやすい性質をもちます。この性質を利用して撮影時の露出（露光）により潜像を描き，一連の現像処理により画像を定着，可視化したものがマイクロフィルムの画像です（☞ I 部 3.1(4)）。なお，実際は乳剤層の上に，画像保護のために塗布される保護膜という，ゼラチンを主成分としたきわめて薄い層があります。

　画像が載っているのが，支持体（ベース）で，私たちがフィルムとして物質的に認識しているのは，この部分にあたります。ベースには，およそ次の 3 種類が存在します。

① 　ニトロセルロース（NC）ベース
② 　三酢酸セルロース（TAC=トリアセテート）ベース
③ 　ポリエチレンテレフタレート（PET）ベース

　NC ベースは可燃性（発火性）のフィルム（☞口絵①）で，昭和 30 年代以降，難燃性の TAC ベースに置き替えられました。映画フィルムに多く使われており，熱や摩擦で発火するため，映画館では火災の元凶でした。マイクロフィルムのベースとしては稀ですが，1957 年以前のフィルムには注意が必要です。

TACベースは，高い安定性，保存性を誇るものとして普及しましたが，一般的な温湿度環境下では30年程度でビネガーシンドロームと呼ばれる劣化を生ずることが明らかとなっています（☞Ⅱ部1.1(3)）。このため現在では，物質的により安定したPETがベースの主流となっており，日本では1990年代前半にTACからPETに切り替えられています。

　ベースの下部にあるのがバック（裏引）層です。バック層は，フィルムに巻き癖（カール）がつくのを防ぐためにベース下部に塗布されたもので，一般にはゼラチンで，厚さは乳剤層と同じです[2]。ベースを乳剤層，裏引層という同じ厚さのゼラチン膜で挟むことにより，フィルムの欠点である巻き癖を防いでいるのです。ここに，静電気防止（帯電防止）や，適切な摩擦係数を確保しフィルムを滑りやすくするバックコート，さらにはハレーション防止の機能をもたせる場合もあります。このようにフィルムのバック層は，目的や構造がメーカーや製品によりさまざまです。

　なお，各層を接着する接着剤をバインダー，接着層（図1では各層の境界面）を下引層といいます。

　また，乳剤層とバック層にはマット剤と呼ばれる添加物（図1の●）が散りばめられています。マット剤はフィルムを巻いた際にフィルム同士の隙間を確保し，接触面積を低下させることで，フィルム表面の貼り付きや摩擦を防止する役割を果たしています[3]。

(2) マイクロフィルムの種類と世代

　マイクロフィルムには，ロール状のロールフィルム（図2・3），シート状のマイクロフィッシュ（図4）のほか，フィル

ムをカードに貼り付けた，マイクロカードやアパチュアカード（図5）などがあります。最も主流のロールフィルムには，フィルム幅の違いで35mmと16mmの2種類があります（☞Ⅰ部3.1(5)）。

図2　マイクロフィルム（有孔）

図3　マイクロフィルム（無孔）

図4　マイクロフィッシュ

図5　アパチュアカード

図6　ネガ画像（鏡像）

図7　ポジ画像（正像）

フィルムにはネガ（陰画）とポジ（陽画）があります。ネガは原則として，被写体の明暗・色が反転した保存用フィルムです。ネガに基づいて作製されたのがポジであり，反転が

ないため閲覧用として使用されます。ただし現在ではネガからネガを直接作製することもできます。こういった陰陽反転せずに複製を作製する技術をDirect Duplicating（DD）といい，DDにより作製された銀塩フィルムのネガをDDネガといいます。DDネガは第2ネガとして保存されるだけでなく，ポジに代わって閲覧用にもなります。このように，オリジナルネガを第1世代のフィルムとすると，第2世代のフィルムにはポジとDDネガの両方があり得ます。逆にいえば，ポジであれば第2世代以降のフィルムであることは確実ですが，ネガの場合は必ずしも第1世代の保存用フィルムだとは限りません。フィルムは世代が下れば解像力が落ちますから（☞Ⅰ部3.2(1)），情報の保存という意味からは，できる限り古い世代のフィルムを保存することが重要になります。

オリジナルネガは乳剤面からみて左右反転した鏡像（図6）となります。これを基に複製された第2世代のポジやDDネガは乳剤面からみて正像（図7）を描きます。さらに第3世代のフィルムになると再び画像は乳剤面からみて鏡像となります。このようにフィルムの奇数世代は乳剤面からみて鏡像を，偶数世代は同じく正像を描きます。

また，フィルムを画像形成方法の違いから分別すると，これまで述べてきた「銀塩」以外に，「ジアゾ」と「ベシキュラー」があります。ジアゾフィルム（☞口絵②）は，ジアゾ化合物という窒素化合物を感光剤として使用しています。ジアゾ化合物は，紫外線によって分解される性質と，アルカリによって発色する性質をもっています。ネガにジアゾフィルムを重ねて強い紫外線を照射すると，光が当たった部分は分解され，さらに現像剤としてアルカリ性のガス（アンモニア

ガス）を吹き付けると，光が当たらず分解されていない部分は，青または黒に発色し画像が完成します。この手法は電子コピー機が主流となる以前によく使われた，いわゆる青焼（ジアゾ式）コピーと同じです。ジアゾフィルムは，解像力が優れており銀塩より安価なことから，商業頒布のマイクロフィルムによく使われています。同じマイクロフィルムに2種類の価格設定がある場合，高価な方は銀塩，安価な方はジアゾだとみてほぼ間違いありません。

ただし，ジアゾ画像の分解は抑えることができないため，経年により褪色が進行します。フィルムの茶変色に始まり，徐々に画像が薄くなり，最終的に消滅に至ります。

ベシキュラー（気泡）フィルム（☞口絵③）は，米国のカルバー社が開発したためカルバーフィルムともいわれ，日本では1965年に実用化されています。ベシキュラーは熱可塑性樹脂の中にジアゾ化合物を含ませ，光分解中にジアゾ化合物から発生した窒素ガスを，熱により樹脂内に閉じこめる形で気泡を作り画像を形成しています。ただし，形成された画像は熱に弱く，60℃で軟化して画像が消滅してしまうため，直射日光の当たる場所などに放置してはいけません。またエタノールや酢酸エチルなどでも画像が消滅するので，マイクロ機器の汚れ落としの溶剤などにも注意する必要があります[4]。

ジアゾやベシキュラーは記録材料の寿命としては，数十年とされています[5]。保存の点からは異なる画像形式の分離保管だけが強調されがちですが，これらのフィルムが本来長期保存に適しておらず，消耗品として割り切るべきものであることも覚えておきましょう。

(3) ベースの見分け方

 TAC と PET の見分け方で、最も単純な方法はフィルムの先端(リード)部分を手で引き裂いてみることです。TAC は簡単に裂けますが、表3に示すように、PET の物理的強度は TAC をはるかに凌ぐため手で引き裂くことはできません。ただしこれは破壊的方法のため、リード部分の短いロールフィルムやマイクロフィッシュには適しません。

 そのほか、PET の偏光性を利用した二つの方法、つまりリール側面を透過光で観察する方法や、フィルムを偏光板と重ねて一方を回転させて観察するという方法は、非破壊的方法として推奨されます。いずれも不透明ならば TAC、逆に透明ならば PET と判定でき、この性質を応用した判定器も存在します(☞Ⅲ部2.2　図41)。

表3　PET と TAC の特性値比較[6]

項目	単位	TAC	PET
密　度	g/cm^3	1.30	1.40
破断強度	MPa	118	230
破断伸度	%	30	120
端列抵抗	N-mm/mm^2	30	180

 TAC は独特の不均等な厚みと柔らかさがあるのに対し、PET は薄さと固さが際だっています。このためある程度手が慣れてくると、触感で両者の見当がほぼつくようになります。また、日本製のものに限れば1990年代中葉以降のフィルムは、PET であるとみて差し支えありません。画像形成方法と

いう点では，ベシキュラーフィルムのベースはPETであり[7]，ジアゾフィルムも圧倒的にPETが多く使われています[8]。こういった情報からスクリーニングすることで，効率的かつ，破壊を最小限に抑えてベースを識別することができるでしょう。

なお，NCベース（☞口絵①）は作製年代を指標に検討するしかなく，1957年以前のフィルムについては，その可能性を疑ってみるべきです。NCベースは発火性のため，疑いのあるフィルムについては早めに専門家に相談してください。

(4) 画像形成方法の見分け方

図書館員にとって，銀塩とジアゾの区別は判断に迷うことも多いかもしれません。銀塩画像は白黒ですが，ジアゾ画像の多くは濃紺色や青紫色です。しかし，なかには黒調のジアゾ画像もあるので，色調だけでは確定できません。

銀塩フィルムの場合，乳剤面の方が背面より光沢がなく，画像が浮き上がって見えるという特徴があります。これに対して，ジアゾフィルムは表裏で見かけ上の差がほとんどありません。銀塩フィルムは銀画像に厚みがあるため，乳剤面に入射角を調整しながら斜めから光を当てると，銀画像の凹凸や盛り上がりを確認できます。これに対してジアゾは発色の差により画像を形成しているため，フィルムへの光の当て方を変えても画像の見え方に影響しません。このほか，ブレミッシュや銀鏡化など銀画像特有の劣化現象（☞Ⅱ部1.1(4)）から，銀塩フィルムだと確定できる場合もあります。

ベシキュラーは，乳白色の細かな気泡で画像が形成されており（☞口絵③），銀塩やジアゾと一目で区別できます。

1.3 マイクロフィルムの取り扱いと収納

(1) フィルムの表裏と巻き方

　フィルムの現像処理の現場では，仕上がったフィルムを内側からみて正像となるように巻くのが原則です。このため，オリジナルネガであれば乳剤面が外側（上面）に，第2世代のネガやポジであれば乳剤面が内側（下面）となるというように，奇数世代と偶数世代のフィルムで乳剤面の位置が上下逆転することになります。

　一方で，資料保存の手引書等には，乳剤面が内側になるように巻く，つまり，ロールフィルムの上面はフィルム背面，下面は乳剤面となるように巻くという原則が示されています[9]。これは，画像が傷つくのを防ぐという観点からすれば，非常に理に適ってはいるのですが，上述のように現像処理の現場の実態と合致していません。

　このため実際に乳剤面がどちらにあるのかは，個別にフィルムを確認する必要があります。一般に銀塩フィルムの場合，光に当てて艶のある面がフィルム背面，鈍く光る方が乳剤面です。

(2) フィルムの取り扱いの原則

　フィルムを含む写真資料全般を取り扱う際には，清潔で起毛していない綿の手袋を使用し，乳剤面に触れてはいけません[9]。これは，皮膚が乳剤面に直接触れると，皮脂や化粧品などが画像の劣化をもたらすからです（☞ Ⅱ部 1.1(4)）。特に保存用フィルムについては「手袋使用」と「乳剤面を触らない」の二つを遵守してください。

手袋にはゴム素材のものを使用してはいけません。ゴムは硫黄を含むため，画像銀と反応してしまうからです。

(3) フィルムの収納と包材

　ロールフィルムはリールに巻かれています。リールには表面に穴のあいたもの（有孔，図2）と，そうでないもの（無孔，図3）があり，風通しのよさから有孔のものが主流です。また金属製リールは避けて，腐食せず冷えて結露を誘発しないプラスチック製リールを使用しましょう。

　ロールフィルムは帯で留めた上で収納容器に入れます。巻き方が緩くフィルムがたわむと乳剤面が常時空気にさらされ，湿気や化学物質で画像の劣化を進行させますから注意してください。帯と容器の素材は中性紙を使用し，ゴム・金属・プラスチックなどの使用は避けてください。以上の措置のあとで，マイクロフィルム専用キャビネットに収納するか，一般書架に排架します。後者の場合は，フィルム容器が複数収納できる「舟」と呼ばれるケースを併用すると便利です（図8）。

図8　ロールフィルム用の舟の例

図9　マイクロフィッシュ用の舟の例

マイクロフィッシュなどのシート状フィルムは，一枚ずつジャケットに封入して，やはり「舟」に入れておくと便利です（図9）。ジャケットにはビニール製と紙製（中性紙）がありますが，TACベースについては，湿気や酢酸がこもらない紙製が望ましいです。

　こういったフィルムの収納用品のことを総称して包材（ほうざい）と呼びます。長期保存のためには，写真活性度試験（Photographic Activity Test：PAT）に合格した包材を使用しましょう[9]。PATは，写真用包材やそれに使用される各種材料が，長期に写真画像に接触することによる化学的影響を判定するための試験方法です。1980年代に米国のImage Permanence Institute（IPI）により開発され，規格化（ISO 18916:2007 "Imaging materials -- Processed imaging materials -- Photographic activity test for enclosure materials"）されています[10]。

（小島浩之）

2章 メディアとしてのマイクロフィルム

2.1 マイクロフィルムの出現と影響

　マイクロフィルムは，1840年頃までに発明された写真術を用いて縮小した記録を作製できる点に特色があります。大きな流れでは，写真は，活版印刷で作られた本の400年後に出現し，その約120年後に電子媒体が生まれたことになります。活版印刷術と比べて写真術は，対象をそのまま記録でき，少部数の複製も容易です。

　手書きの文字と図が一枚の紙に記録されている場合，活版印刷術で複製するには，文字に関しては活字を拾い，文章を組み立て直し，図は別に処理し，組版という作業を行い，さらに印刷機にかけるなどの複雑で面倒な過程を経なければなりません。そのため，採算をとるには多部数を作製する必要があります。

　日本では，安土桃山時代から江戸時代の初期に海外から活版印刷術が導入されましたが，定着することはありませんでした。江戸時代に主流となったのは文字と画像を一体として扱うことができた木版印刷（整版）でした。

　また，ゼロックスの乾式複写機が実用化されたのは，約60年ほど前ですが，それまでは紙に記録されたものを少部数複製する高速で安価な方法はありませんでした。

写真術は，活版印刷術では困難だった領域，すなわち紙などに文字と図が混じっているものをそのまま記録する，また少量の複製を作るという点で新しい可能性を示しました。つまり，撮影だけで記録でき，現像の後に印画紙に焼き付けて少部数の複製を作ることができます。さらに，フィルムの複製もできます。その上に，縮小という機能の加わったマイクロフィルムは，紙に代わる新しいメディアと認められました。紙の印刷物の大きな欠点の一つはかさ張ることでしたが，マイクロフィルムは大量の文書を紙よりも格段に少ないスペースで収納することができます。

　米国では，イーストマンコダック社がマイクロフィルム用のカメラを開発し，新部門を設立した1928年以後にマイクロフィルムは実用化されたといわれています。日本では，第二次世界大戦後に使われ始めました。

　以下では，マイクロフィルムというメディアの特性を表すような出来事をいくつか見ていきます。

(1) **マイクロスコープ**

　19世紀に，記録を縮小できるという写真の特色が活かされた有名な例があります。ナポレオン三世の帝政下のフランスとビスマルクとモルトケのプロイセンが戦った普仏戦争のときのことです。緒戦でフランス軍は惨敗し皇帝は捕らえられ，パリでは第三共和政が成立しました，プロイセン軍に包囲されたパリに，政府と市民が約4か月半，籠城しました。この間，市内と外部の連絡に使われたのがマイクロフィッシュの原型である「マイクロスコープ」でした。西田杏祐子はサイト『エン - ソフ』の中で，「マイクロフィッシュと伝

書鳩」と題してこのマイクロスコープを紹介しています[11]。

　フランス中部にあるトゥールという町にパリの政府に向けた文書が集められ，写真家ルネ・ダグロン（René Dagron）は，これを縮小して撮影しました。縦 6cm で横 4cm のフィルム片 1 枚に 3,000 通の電報を納めることができ，伝書鳩は，一度に 18 枚を運びました。結局，2 か月間で 250 万通が運ばれました。届いたマイクロフィルムは，幻灯機で壁に拡大投影され，フランス政府は，必要な情報をすべて得ていたようです。

　しかし，この後，すぐにマイクロフィルムが実用化され広まったわけではありませんが，このときには，縮小という特性がうまく使われた例といえます。

(2) V-Mail

　戦時という特殊な状況の中でマイクロフィルムの縮小機能を利用した例としてよく引き合いに出されるのは，第二次世界大戦時の V メールです[12]。V-Mail は，今ではボイスメールのことですが，当時は Victory Mail という軍事郵便のことでした。米国内から出された海外出征兵士あての手紙は，検閲の後，撮影されてマイクロフィルムとなり，輸送されました。到着後，これを拡大して紙に印刷するという仕組みでした。これにより，輸送の際の重量や容量を大幅に減らすことができました。それだけでなく，仮に途中で失われても再送できますし，また防諜といった面も考慮されたと考えられます。米軍は，V-Mail のためにマイクロフィルムの撮影，現像，映写に必要な機材を大量にもっていたと予想されます。

2.2　20世紀中期のニューメディア

(1)　ドキュメンテーションとマイクロフィルム

19世紀末から20世紀の前半にかけて，ベルギーの法律家ポール・オトレ（Paul Otlet）は，アンリ・ラ・フォンテーヌ（Henri La Fontaine）とともに世界書誌の編纂事業を始めました。国際十進分類法の考案などを含めた活動は，ドキュメンテーション（Documentation）と呼ばれるようになりました。オトレは，世界書誌の編纂ではカードを用いましたが，その後の世界で公開されている情報を集めた知識の百科事典の構想では，マイクロフィルムの利用を考えていました。

この欧州のドキュメンテーション活動は，大西洋を渡り，米国にもたらされました。1930年代には米国ドキュメンテーション協会が結成されました。米国のドキュメンテーションは，専門情報の組織化とその提供に特化したものとなりました。さらに，当時，注目され始めていたマイクロフィルムへの強い関心がみられました。ジェシー・シェラ（Jesse Shera）は，次のように述べています。

> 発言力があり，影響力の強いメンバーは，マイクロフィルムをはじめとする写真技術による新しい複製方法に深く関与していた。そのため，大西洋の西岸においてはまもなく，ヨーロッパにおいてドキュメンテーションが国際十進分類法の普及活動に密接に関連付けられていたのとちょうど同じように，ドキュメンテーションという語がマイクロ化技術と実質上，同義語となった[13]。

こうして，20世紀の中頃，マイクロフィルムは，ドキュメンテーション，すなわち文献の書誌記述，主題分析，それ

に検索という分野で，紙に代わる新しいメディアと位置づけられました。

米国ドキュメンテーション協会の機関誌である *American Documentation* 誌は 1950 年の創刊ですが，初期の号では，マイクロフィルムに関する記事が中心となっていました。

米国でマイクロフィルム利用が盛んになりつつあることは，日本でも紹介されました。1936 年 8 月 25 日の東京朝日新聞に「百萬冊の本も僅か五噸(トン)に」という見出しの記事が載りました。国内へのマイクロフィルム紹介のかなり古い例と思われます。

> 本をフイルムに寫し撮つてこれを保存する方法が米國のV・E・プラットといふ人によつて考案され，最近リッチモンドで行はれた圖書館協會會議の席上發表されて大いに注目をひいた，即ち本の各頁をそつくりそのま丶三百乃至四百分の一位の大きさにフイルムの上に縮寫し，これを見る時はある特別の擴大裝置によつて讀むといふのであつて……

と説明され，マイクロフィルムリーダーの写真も載っています。

(2) メメックス

第二次世界大戦中の米国の科学動員に大きな功績を残したヴァネヴァー・ブッシュ（Vannevar Bush）が，1945 年に *The Atlantic Monthly* 誌に書いた記事の中でメメックス（memex）と呼ばれる装置を提案したことはよく知られています。メメックスとは，記憶を拡張する MEMory EXtender のことです。ブッシュは，まだ，コンピュータが姿を見せない時期に，

今のパーソナルコンピュータに近い形をした個人用記憶装置の開発を提唱しました。ブッシュは，このメメックスで用いる記憶媒体としてマイクロフィルムの利用を考えていました。この装置の中には，大量のマイクロフィルムが収められていて，そこから検索した資料が卓上の半透明スクリーンに映し出されます。20世紀後半，多くの人々がこのメメックス構想に影響を受けて，その実現のために努力を払ってきました。パーソナルコンピュータやウェブはその成果であるという意見もあります。メメックスはマイクロフィルムではなく，デジタル媒体によって実現されることになりました。

(3) PBレポート

第二次世界大戦からしばらく経った1952年の日本経済新聞に「PBリポートとは：学会に旋風まき起す」(5月27日)という記事が掲載されました。紙面の半分ほどを費やして，PBレポートをめぐる騒動を報じています。第二次世界大戦までのドイツなどの研究報告書をコピーしたもの（PBレポート）を日本の企業が争って手に入れようとしていました。なぜなら，「戦前ドイツ輸出商品の二割を占め何一つ廃品を出さないと誇つたIG社は工場内に外国人は一歩も入れなかつたがPB六三八二二などで白日の下にその実態を」さらしているからでした[14]。さらにこの記事は，渡米した技術者が米国でこのPBレポートを入手して持ち帰ったりしていること，国立国会図書館にある抄録をこっそりと独占して使っていた企業があるといった入手にまつわるエピソードが述べられています。

このようにPBレポートとして刊行された文書は，ロンドンの空襲に使われたV1ロケット，メッサーシュミット社の

ガスタービン技術あるいは有機合成技法などの枢軸国側の技術文書であって[12]，日本ではこれを入手して，当時は30年といわれていた先進国と日本の工業技術の格差を一挙に縮めようとする機運が高まりました

PBレポートは，12万件以上あり，マイクロフィルムなどの形で2億5千万円で購入できるので，一刻も早く国内で利用できるようにしなければならないという主張が強まりました。その結果，1952年に国立国会図書館の予算として約11万点分の購入費7,000万円が認められました。国立国会図書館は，マイクロフィルム版を中心に購入し，利用に供しました。さらに，重要と思われるものを複製し，大阪府立図書館をはじめ札幌・仙台・名古屋・福岡・岡山に設けられた地区センターに配置しました。

こうしてPBレポートは，技術移転の切り札として，一時，熱狂的なまでの関心を呼びましたが，これがどれほど日本の産業界に寄与したのかは，判然としません。ただし，第二次世界大戦中の技術であるので，時間が経てばその価値は低下することは否めず，やがて利用は減っていきました。

PBレポートは，国立国会図書館関西館の地下書庫に収蔵されており，現在も利用可能です。一部は「ミメオグラフ」というジアゾ式複写物（青焼）ですが，ほとんどは35mmのマイクロフィルムです。リールは金属ではなく合成樹脂で，1リールには数十件のレポートが入っています。各レポートには，PBレポート番号が与えられていて，リールの中では，番号順です。分割購入したこともあり，米国から日本へは何度にも分けて送られてきました。

PBレポートのマイクロフィルムは，60年以上前に米国で

複製されたものですが，収納容器の状態から判断すると，国立国会図書館が作り直したものがいくつかあり，また少数ですが劣化したものもありますが，全般に保存状態はきわめて良好で，現時点での利用に耐えます。

　PBレポートの全体を調べなければわかりませんが，レポート名から判断して，ドイツに加えてかなりの数の日本とイタリアの技術文書が含まれていました。1950年代の日本の企業に属する人々が，戦前・戦中の日本軍や企業の技術文書も閲覧できたことになります。

(4) COM目録

　米国では，1970年代に当時の表現では「目録の機械化」が進展しました。これは，要するに目録データのコンピュータへの入力，図書館目録のデータベース化であり，米国議会図書館が推進しました。こうして作られた目録データベースをもとに，現在のOPACのようなオンライン検索システムを開発した大学図書館もありました。しかし，技術の面でも費用の面でもまだ実用化は先と考えられていました。

　一方，コンピュータ内のファイルをマイクロフィルムに直接出力する技術が開発されていました。この技術はCOM（Computer Output Microfilming）と呼ばれました。大型コンピュータから紙に出力すると容量が増えますが，マイクロフィルムであれば，扱いやすくなります。

　1970年代の後半の米国の大きな図書館では，目録データをCOMでマイクロフィッシュに出力し，これを何セットも複製し，目録スペースに並べたマイクロフィッシュリーダーで目録を探索するというCOM目録が使われていました。利

用者にとっては，リーダーの前に座ったままで目録探索ができるという利点があり，図書館にとっては，新しく入った資料の目録カードをカード目録に繰り込むのを中止することが可能になりました。そのため，この COM 目録は OPAC が普及するまでをつなぐ役割を果たしました。日本ではほとんど COM 目録は使われませんでした。

2.3 マイクロフィルムのコレクションの種類

(1) 独自作製のマイクロフィルム

マイクロフィルムには，図書館や公文書館，新聞社などが独自に作製したものと，外部から入手したものとがあります。松江に居住したラフカディオ・ハーン（小泉八雲）の旧蔵書である「ヘルン文庫」は，いくつかの経緯を経たのち，富山大学附属図書館が所蔵・管理していますが，その中の約 2,500 冊についてマイクロフィルムが作製され，島根大学附属図書館も所蔵しています。この場合は，資料の代替物作製とともに，一つのコレクションの共有と利用機会の提供という目的が明確です。

かなり以前には，図書館が撮影機材を所有し，館内において図書館員がフィルム撮影を行っていたことがあります。しかし，マイクロフィルムの作製は，専門業者に委託するのが一般的になりました。また，出版社などが販売を目的に，図書館蔵書のマイクロフィルム化を企画することもあるため，独自作製のフィルムと市販品を分けることができない事例があります。

独自作製では，コピーやプリントのもととなるマスター

フィルム（ネガフィルム）の管理と保存という任務が生じます。これは市販品の購入・管理とは異なった側面です。

(2) 市販のマイクロフィルムの購入

　実際には，図書館におけるマイクロフィルムコレクションの中身は，市販品が多数を占めます。特に大学図書館は，長い期間にわたり，国内外の出版社が販売する高額なマイクロフィルム製品を購入してきました。

　マイクロフィルム化の対象となっている資料として代表的なものは，文書・本・雑誌，それに新聞などです。

　どのような資料がマイクロフィルムとなっているのか，その全体像を見るために国立情報学研究所の CiNii Books (http://ci.nii.ac.jp/books/) で「資料種別」を「マイクロ形態」と指定すると，約14万件（2014年9月現在）が検索されます。これを所蔵館の多い順に並び替えると，所蔵館10館以上のマイクロ資料は863件でした。一方，所蔵が1館のみは約13万件と全体の9割を超えます。しかし，CiNii Books では，マイクロ資料の場合は，目録に記録する対象が著作であったり，マイクロフィルムのリールであったり，マイクロフィッシュ1枚であったりと目録レコードを作り，登録する図書館によって異なっています。結果として同一資料に対して異なるレコードが作られることが多いのが実態です。したがって，この13万件の中には，重複した目録レコードがかなり多いと予想されます。

　大学図書館が所蔵するマイクロ資料をタイトルで分けた場合，日本語の資料は5％程度に過ぎず，英語のものが約7割を占めます。このことは，海外の入手しにくい資料をマイク

ロフィルムで入手している側面がありますが,マイクロ資料の生産量自体が,日本と英語圏では大きな差があることの反映であるといえます。

(3) 文書

CiNii Books の検索結果で *Records of the U.S. Department of State relating to the internal affairs of Japan, 1930-1939*(Scholarly Resources, 1984)は,大学図書館 15 館が所蔵していることがわかります。これは,米国国務省から駐日米国公館への訓示,国務省と駐米日本公館との間の覚書,国務省職員による覚書などの文書であり,米国の対日政策の基礎資料といえます。このような外交や政治にかかわる文書がまとまった形で撮影され,複製が作られ,各地での調査や研究などのために供されています。

綴じられていない紙の資料は,順序(原秩序)が変わったり,散逸する可能性があります。一方,マイクロフィルムは,連続したコマに順番に撮影していくために,順序が保持され,また,途中のコマが失われることはないというメディアとしての特性があります。

(4) 集成

市販されているマイクロ資料には,「集成」と呼ばれるものがあります。集成とは,コレクションのことであり,多数の資料をまとめたものです。一つのコレクションが一つのタイトルとなっています。CiNii Books で所蔵館数 74 館と最も多いのは,静嘉堂文庫編『歌学資料集成:静嘉堂文庫所蔵』(雄松堂フィルム出版,1976)です。これは,静嘉堂文庫の中の上

代から近世までの歌学書 1,132 点, 3,192 冊を収録したものです。雄松堂フィルム出版はほかにも静嘉堂文庫の蔵書をマイクロ化して出版しています。『国語学資料集成』(1973),『古辞書集成』(1983),『物語文学書集成』(1980-1984) などがあります。特定の図書館の蔵書のマイクロフィルム化を大規模に行った例として, 丸善の国立国会図書館蔵書を対象とした事業があります。1989 年 9 月に国立国会図書館が所蔵する明治時代に刊行された約 11 万点, 約 16 万冊を 16mm マイクロフィルムに撮影する作業が開始されました (☞ I 部 3.3(1))。完成後「明治期刊行図書マイクロ版集成」(約 1 万 5 千リール) として市販されました。明治期に刊行された本全体の 7 割が収録されているといわれています。

したがって, この「明治期刊行図書マイクロ版集成」を購入している図書館は, 明治時代の本 16 万冊を所蔵していることになり, その図書館の利用者はマイクロフィルムを用いて閲覧できることになります。しかし,「明治期刊行図書マイクロ版集成」に限りませんが, マイクロフィルムになった資料の検索手段は, あまり整備されていません。これには, 以下のような事情が影響しています。

マイクロフィルムの 1 リールには, 16mm フィルムなら約 1,200 コマ, 35mm フィルムは約 600 コマを収録できます。新聞や雑誌などの逐次刊行物は, 刊行順に並べて撮影し, そのリールに, 収録している始まりの巻や号, 終わりの巻や号を表示しておけば, 収録内容の見当がつきます。

集成は, 一般に, 多数の本つまり単行書を収録しています。本は, 通常は, 1 冊が 250 ページから 300 ページですから, 1 コマに 2 ページ収録するので, 16mm フィルム 1 リールに

は，10冊程度を収録できます。実際には，本のページ数は不定ですから，1本のリールに収録されている冊数も不定です。簡単にいえば本とマイクロフィルムとは1対1になりません。個々のリールには，どの本（著作物）が収録されているかを記録する必要がありますが，普通はなされていません。

マイクロフィルムの目録作成では，記述の対象はセットやリールであり，たとえリールの中に複数の著作物があっても，それらは目録の対象となりません。そのため，一般には，図書館の目録では収録されている個々の著作物からは探すことができません。一つのリールに複数の著作物が入っているとき，「内容注記」という項目に個々の著作物を記載している図書館もありますが，一般的には収録状況を記載したリストや別の資料を調べる必要があります。この面倒さがマイクロフィルム，特に集成が図書館に所蔵されていても利用されない理由の一つです。

(5) **雑誌**

CiNii Booksで，雑誌『新潮』（日本近代文学館，八木書店）は，所蔵館55館，『国華』（雄松堂書店）は45館と所蔵館数の第3位，第4位となっています。『新潮』は，1904年創刊の近代文学を代表する文芸誌で，2013年に1300号を超えています。一時休刊した1945年までの450冊がマイクロフィルムとなっています[15]。『国華』は，1889年に岡倉天心らによって創刊された世界で2番目に寿命の長い美術雑誌です[16]。現在は，世界的に評価が高い古美術探求の専門雑誌となっていて，創刊号から1995年の1197号までがマイクロフィルムとなっています。ただし，『国華』の特色の一つは，注意深

く調整された多色刷りの挿図にありますが，マイクロフィルムは，色彩の再現が困難で，費用もかかるためモノクロです。

その所蔵図書館名を見ると，既に所蔵していても，欠けている巻号があるので購入する場合と，新設大学の図書館が購入する場合とが見られます。これは，マイクロフィルムとなった雑誌は，創刊号から欠号のない形でそろっている，印刷版に比べて保存スペースがわずかですむという判断が働いていると考えられます。新聞を含めてですが，CiNii Books では，日本語では約1千タイトル，英語では約5千タイトルのマイクロ版があることがわかります。

(6) **新聞**

新聞は，新聞用紙という特別な紙に印刷されています。日刊新聞は，普通は1日保てればよく，その後は捨てられるために古紙の配合率が高い紙が使われています。紙に印刷されて購読される新聞を「原紙」という言い方をしますが，図書館では，一般的に，閲覧のために短期間だけ原紙を保存しています。

新聞が劣化しやすい紙に印刷されていることを憂える声は，明治時代からありました。東京朝日新聞に入社した杉村楚人冠は，既刊の新聞の閲覧ができるように他国にあまり例のない縮刷版という方法を考え出しました。これは，新聞紙面を A4 ほどの大きさに縮小して印刷し，日刊紙の場合，1カ月分ほどをまとめて製本したものです。縮刷版は，新聞より良質の紙に印刷され，可読性もあるために，図書館ではよく購入され利用されています。

しかし，欧米の新聞社や図書館で過去の新聞を閲覧するの

に用いられてきたのは，マイクロフィルムです。杉村楚人冠の発案で縮刷版を作り始めた朝日新聞も，創刊号からのマイクロフィルム版を1963年に売り出しています。このとき，同紙は，「新聞のマイクロ版は，新聞をそのまま保存する場合にくらべると，まず容積がうんと少なくなり，置き場所を大幅に縮小できること，小型で軽いので整理もしやすいこと，紙とちがって，古くなっても質がもろくなって破れたり変色したりする心配がなく，半永久的な保存にたえるといった資料保存上すぐれた特性をもっております」[17]と，コンパクトであることと，長期保存というマイクロフィルムの利点をあげています。また，新聞社は，マイクロフィルム作製の過程で，関東大震災などで社屋とともに焼けて失われた分を，さまざまな手段で再収集し，欠号を補ったと述べています。つまり，新聞や雑誌のマイクロフィルム化業務は，このように，既刊号を確認，整理して欠号のない状態にそろえる作業を伴っています。

日本では1953年から国立国会図書館が新聞のマイクロフィルム化事業を始めました。これは，日本新聞協会に加盟する約40新聞社からなる新聞マイクロ懇談会が国立国会図書館と契約し，各新聞社はマイクロ撮影用の原紙を毎月新聞協会に送ると，協会は国立国会図書館に渡し，国立国会図書館がマイクロフィルム化するという事業です。1990年頃には新聞51紙について年間70万コマが撮影されました[18]。そのマスターフィルムは国立国会図書館に寄託され，新聞社用と日本新聞協会用，それに国立国会図書館閲覧用のポジフィルムが作製されるという仕組みになっています。長期間，この事業は継続されてきたため，日本の主要紙のマイクロ

フィルムが標準的な形で継続的に作製されてきたという点に大きな意義があります。

なお，米国では，国立人文基金と米国議会図書館が1982年から18世紀以後の米国国内で発行された新聞のマイクロフィルム化事業を推進してきています。これは，米国新聞計画（USNP）と名づけられ，国民が過去の新聞に自由にアクセスできるようにするために計画されたものです。

2.4 資料保存の媒体としてのマイクロフィルム

以上のようにマイクロフィルムは，縮小して記録するという機能に加えて，少部数の複製作製，コレクションとしてあるいはそろった形での配布手段など，20世紀前半から中頃までに起きたニーズに適した新しいメディアと認識され，発展してきました。それに加えて，マイクロフィルムは，資料の長期保存に向いたメディアと見なされるようになりました。

一方，20世紀後半になって，酸性紙問題が認識されるようになりました。19世紀後半以後に酸性抄紙過程によって製造された紙が短命であることが明らかにされ，図書館等の蔵書の将来が危ぶまれるという事態になりました。

このとき，紙・フィルム・コンパクトディスクなどを対象に記録媒体の寿命の比較表が作られ，コンパクトディスクはきわめて短い寿命しかないため保存用としては適さないとされ，一方では，条件さえ満たせば，700年以上保つとされたマイクロフィルムが長期保存に最も向いているという判断がなされました。

1970年代から長期保存を目的としたマイクロフィルム化

が盛んになりました。米国では、当時の図書館振興財団（現在は「図書館情報資源振興財団」）が米国議会図書館をはじめとする図書館などの蔵書マイクロフィルム化事業への助成を行いました。

国際図書館連盟の『IFLA 図書館資料の予防的保存対策の原則』[9]では「媒体変換」に一つの章があてられています。1986 年の『図書館資料の保存と保護の原則』[19]から登場した媒体変換とは、たとえば、紙に印刷された資料の劣化に備えるために、紙ではない別の「媒体」にその情報、あるいはコンテンツだけを移すことです。こうして、もとの資料を担っていた媒体から離れて別の媒体に変換されます。

なぜ媒体変換をするのかについて、上記原則では、人手や費用の必要な修復保存手当てを施すことができる図書館は少ないが、媒体変換はそうした図書館がとり得る唯一の措置であり、また保存措置としてはそれで必要にして十分である場合が多いと述べています。その上で、媒体変換の方法として、コピー（電子複写）・マイクロ化・デジタル化の三つをあげています。さらに、マイクロ化の長所として、十分な実績があることや技術的問題のほとんどが解決されていること、安価なことなどを指摘しています。

資料保存における媒体変換という考え方は、マイクロフィルムを保存に用いるという方針とともに生まれてきたということができます。

以上のように、マイクロフィルムは 1930 年代に実用化され、たちまち将来のメディアとして注目を浴びました。そして、文書、雑誌、新聞などを中心に多くのマイクロ資料が

作製され,図書館蔵書の一部を構成してきました。そして,1970年代に紙の印刷物の保存上の問題が起きると,今度は長期保存の媒体として認識されるようになりました。

(上田修一)

3章 製造・撮影現場からみたマイクロフィルム

3.1 フィルムの製造から撮影・現像まで

(1) フィルムの製造

フィルムの製造は，塗布機といわれるものでベースに乳剤を塗布することから始まります。例として図10に塗布機の断面図を掲げておきます。

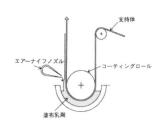

図10　塗布機断面図[20]

塗布機では，ベースをローラーで送りながら，乳剤液層をくぐらせることでベースの表面に乳剤を，さらにエアーナイフノズルから乳剤の上に保護層を塗布します。この作業時のベースの幅は，1m10cm～20cm，長さは1,200mもあります。

乳剤の塗布が終わると次はフィルムの切断です。切断機は35mmないしは16mm幅で細かな刃が並んでおり，そこを乳

剤塗布後のベースが通ることで，均一の幅で切れてゆきます（スリット）。できあがった長さ1,200mのフィルムは，30.5m（100feet）ごとの長さに切断・加工されて完成となります。

　塗布の工程で問題となるのはカールです。塗布機は，随所でベースをロールで巻き取りながら進む構造になっています。このため，フィルムに巻き癖がついてしまい，一方向にカールしてしまうのです。カールを抑えるために，さまざまな技術的努力が払われてはいますが，乳剤の塗ってある側へのカールを完全に解消することは難しいのが現状です。

　フィルムには，あとで不具合があった際に，製造側で問題の解析がすぐにできるよう，必ず乳剤番号が付けられます。たとえば，615−016というような番号がフィルムケースや，フィルムの先頭部分に付けられます。この場合，615は乳剤番号，016はスリット番号になり，615番の乳剤を塗布して16番目の歯で切断したという意味になります。ただし，生フィルムのケースは製品納品時に紙箱に交換されますし，フィルムの先頭部分は，現像後に切り取られることが多いので，図書館所蔵のマイクロフィルムで乳剤番号を見かけることはあまりありません。

(2) フィルムの組成

　モノクロ（白黒）フィルムの基本的な組成については，既に示しましたが（☞I部1.2　図1），ここではカラーフィルムも含めてより詳細な組成を示した上で，製造工程にかかわる部分を中心に少し詳しく見てみましょう。

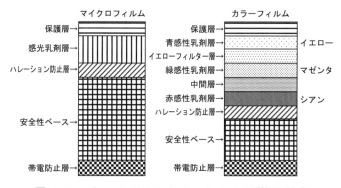

図11 マイクロフィルムとカラーフィルムの詳細な組成

モノクロマイクロフィルムは，最上部に保護層という画像の保護膜があり，その下に画像を形成する感光乳剤層（乳剤層）があります。それからハレーション防止層，ベース，帯電防止層の順になります。これが基本的なフィルムの組成になります。実際には，乳剤層とベースを結合するバインダーが存在し，層と層の間が干渉しないようにする層もあったりして，複雑な構造になっています。

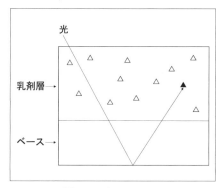

図12 ハレーション

ハレーション防止層とは，光が入ってきていない場所が感光してしまうのを防止する層です。フィルムは光を感光乳剤層で受けるのですが，時々ベースの方

3章 製造・撮影現場からみたマイクロフィルム………35

まで光が到達してベースの界面で反射し、光が本来入ってきた位置と違う場所で感光してしまうことがあります（図12）。これを防止するためにこういった工夫がされているのです。

また帯電防止層は、ベースの裏で静電気が発生した場合、ベースを刺激し、画像に悪影響を及ぼすことを防止する層です。

これに対してカラーフィルムの場合は、乳剤層が青・緑・赤の三層に分かれており、それぞれに、現像で色が付くようになっています。これらフィルムの乳剤層の多くは、光に感じるハロゲン化銀を乳剤層に留めるため、非常に純度の高いゼラチンからなっており、フィルム会社の中には、よいゼラチンを得るために牧場で牛を飼育している会社もあったほどです。

次に画像を形成する乳剤層の厚みについて、見てみましょう。一般的な写真フィルムの乳剤層は、白黒フィルムなら8〜9μm（マイクロメートル）、カラーフィルムなら14〜15μmです。カラーフィルムの方が厚いのは、主な理由として先ほど触れたように乳剤層が三層あるからです。さらに、レントゲンフィルムになると20μmを超え、表裏両面に乳剤層があるほどです。これは、レントゲン線の光が非常に弱いため、より多くの乳剤で光を受け止める必要があるからです。

一方、マイクロフィルムの乳剤層の厚みは、4μmと非常に薄くなっています。この理由の一つに、乳剤層が薄いほどピントが合いやすい、つまり解像力が高いということがあげられます。乳剤層が厚いほど、画像を視認する際に、厚みでピントがぼけてしまうのです。初期のマイクロフィルムは、8μm程度の厚みのある乳剤でしたが、どんどん薄くなって

ゆき，結局3〜4μmの間で推移しています。

(3) フィルムの撮影とその機材

マイクロフィルムを撮影するカメラは一般のカメラと違う点がいくつかあります。撮影する原稿は撮影台の上で一定の場所にあるので，照明の位置が固定され，タングステン光が使用されています。基本的には原稿に対して自動焦点となっているので，ピントを合わせる必要がなく，シャッターを切ると同時にフィルムも自動で送られます。

図13　マイクロカメラによる撮影風景（提供：（株）ニチマイ）

またマイクロフィルムの特性である高解像力を生かすため，撮影レンズは中心だけでなくレンズの周辺まで解像力が高く，一般のカメラよりはるかにピントがよいのが特徴です。撮影時は原稿が動きませんのでシャッタースピードが一般のカメラより遅く（2分の1秒程度）固定で，原稿の濃淡により照明の明るさを調整して撮影します。

一般のフィルムには送りの穴（パーフォレーション）が両端にあります。これはスプロケットといって，撮影のときにその穴を使ってカメラ内部でフィルムを巻くからです。しかし，マイクロフィルムにはパーフォレーションがありません。その代わりにマイクロカメラは，ゴムや金属のローラーを使ってフィルムを巻いており，スプロケットで送らないという形をとっています。

図14 パーフォレーションのある写真フィルム

図15 ノーパーフォレーションのマイクロフィルム

これはなぜかというと、前述のピントをよくする、つまり解像力をよくするためには、なるべく画面を広く使える方が有利だからです。このためマイクロフィルムには、送りの穴がない（ノーパーフォレーション）のです。

(4) フィルムの現像

マイクロフィルムの現像はフィルムの感度が低いので、現像機へのフィルムの装填を除けば、明るい部屋で現像できます。いわゆる明室自動現像機で、「現像→停止→定着→水洗→乾燥→巻き取り」までの一連の工程を行います。

まずフィルムに光が当たり、乳剤層に潜像というまだ目に見えない画像ができます。この潜像を現像という工程で黒くし、目に見えるようにします。この現像工程では光に当たらないように暗黒、あるいは若干の光の中での作業です。適正な現像をしたのち、現像を止める作業が停止です。現像し過ぎると真っ黒になってしまいます。光に当たらなかったハロゲン化銀は定着液で流してしまいます。その後余分な液がフィルム表面にあるのを水で洗い流します。そして乾燥・フィルム巻き取りをして終了となります。

図16 マイクロフィルム自動現像機[20]

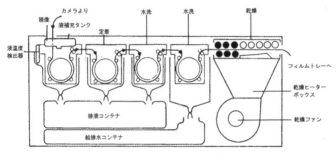

図17 現像機の内部[7]

フィルムの乳剤層が薄いため現像時間が短く，一般的な30.5m（100feet）の長さのフィルムならば，10分程度で一連の現像工程を終了します。ただ乳剤層が薄いため，また，フィルムがノーパーフォレーションであり，フィルム全面をローラーで送るため，現像工程で非常にキズが付きやすいのが難点です。したがって，フィルムを送るローラーは素材を厳選し，ローラーの表面は細心の注意を払って作られています。またフィルム送りですべったり，こすられたりしないように，フィルムの張り（テンション）やスピードをきちんと調整し

ています。一方，乳剤層が薄いということから，フィルムの乾燥時間が短いので，これが現像工程の速さにつながっています。

⑸ 16mmフィルムと35mmフィルム

マイクロフィルムのサイズには16mmと35mmがあり，用途に応じて使い分けています。

16mmフィルムは30.5m（100feet）の長さに収納するコマ数が多く，またフィルムの中のコマを検索するためのマーク（ブリップマーク）をカメラにて撮影することにより，フィルムにマークが自動的に付き，フィルムを拡大投影する機械（マイクロ・リーダー）にて瞬時に見たいコマを探せます。またカメラ自体もコンパクトですみ，機材を持ち出して原稿のある場所で撮影できるなどの利点があります。大量の書類の撮影に適しています。フィルムの長さが30.5m（100feet）では約1,200コマ収納でき，65m（215feet）の長さのフィルムでは約2,400コマも収納できます。

35mmフィルムは16mmフィルムより画像のサイズが大きく，画像を拡大投影したり，複製を作製したりする際には画質がよいという利点があります。文字の細かい書類，新聞，大型図面等の撮影に適しています。現在は，マイクロフィルムからデジタル化するということを考慮すると，画質のよさが生きてきて，35mmフィルムの方が多く使われています。35mmフィルムは，30.5m（100feet）の長さで約600コマ撮影できます。

3.2 マイクロフィルムの特性

(1) フィルムの解像力

表4　実技解像力試験の比較

マイクロフィルム	180 本/mm
カラーマイクロフィルム	120 本/mm
カラーリバーサルフィルム	60 本/mm
カラーネガフィルム	40 本/mm
カラー紙焼	20 本/mm

　マイクロフィルムは，主として文書撮影用として使われています。このため，一般撮影用のフィルムと異なり，白黒ですが非常に解像力が高いのが大きな特徴です。表4は，主なフィルムについて，実技解像力試験の結果を比較したものです。

　実技解像力とは，実際にカメラにフィルムを装填し，撮影・現像した場合の総合的な解像力です。図18に示すように黒と白の対になった基準の線が1mmあたり何本見えるかということでフィルムの性能を評価するものです。より多くの本数が写っているものほど解像力が高いということになります。

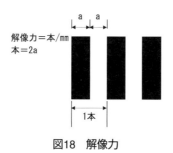

図18　解像力

解像力が高ければ、細部までより鮮明に写っていることになるので、解像力の値の高さは画像の品質（画質）のよさを示す一つの指標といえるでしょう。

　表4によれば、マイクロフィルム（銀塩白黒）の実技解像力を1とすれば、カラーマイクロフィルムは3分の2、スライドとして使われるカラーリバーサルフィルムは3分の1、一般にも長らく使用されたカラーネガフィルムは9分の2、その紙焼写真に至っては9分の1にまで解像力が落ちるのです。ここから、マイクロフィルムの解像力がいかに高いかがよくわかります。実際に撮影・現像した実技解像力ではなく、フィルムそのものの解像力は、撮影時のレンズ等を通さないので、実技解像力よりはるかに数値が高く、白黒マイクロフィルムの解像力は850本/mmもあります。

　なお、マイクロフィルムからフィルムを複製する際の銀塩マイクロフィルムのDDフィルム（☞Ⅰ部1.2(2)）は、仮にオリジナルネガが120本/mmであれば100本/mmくらいになります。つまりフィルムを複製した場合には、もとのフィルムに比べて20%程度画質が落ちることになります。したがって、保存を考える場合には、安易にフィルムの複製を作るのではなく、本来はビネガーシンドロームの発症を抑えてオリジナルフィルムを残すことが最も望ましいのです。また、他の銀塩ポジフィルムへの複製は、オリジナルネガに比べて30%程度画質が落ちますから、フィルムをスキャニングしてデジタル化する場合には、できるだけオリジナルフィルムから行うようにすべきです。

⑵ デジタルとフィルムとの画質比較

　表5は，画質をA4サイズに換算して，dpiと画素数の両方を比較したものです。画質に関していえば，一般にはデジタルの方がフィルムよりよいように思われています。また，最近はデジタルが一般的になり，画質を比較する場合dpiや画素数で表現することが多くなっています。したがってフィルムもdpiや画素数に換算してデジタルと比較してみることにしました。フィルムのような素材そのものと，デジタルのような画像作成方法を比較するのは若干無理があるかもしれませんが，最終的に形成された画像を比較した表と考えてください。この結果，デジタルとの比較でフィルムの画質は，桁違いによいことがわかります。デジタルの技術は日進月歩ですから，今後さらによくなると思いますが，フィルムの画質と同等になるのはほとんど無理と思われる数値です。

表5　画質比較（A4サイズ換算）

種類	dpi	画素数（万画素）
マイクロフィルム	43,000	16,271,200
カラーマイクロフィルム	1,500	19,800
デジタルカメラ	350	1,078
フォトCD	300	792
カラーペーパースキャナ	200	352
フィルムスキャナ	400	1,408

　こういったフィルムとデジタルの大きな差は，両者の表現方法の違いに起因しています。

図19 デジタルとアナログの違い

図19はデジタルとフィルム（アナログ）の画像表現を模式化したものです。

模式図の中央部分のドット（点）は，デジタル画像の拡大図と考えてください。デジタルは点の集合で描かれているので，実際には点のない部分（図では白抜きの点で表現）があるわけです。これを断面で表すと模式図上部の一点鎖線のようなイメージになります。つまりデジタルはどんなに緻密に描かれているようでも，実際には点と点の間に空間があり情報に欠落が生じているのです。

一方のアナログは，濃淡を連続調で表現するので，数学的に信号処理して表現したなら，模式図の中央部分にあるように正弦曲線で描かれるイメージになり，可視的に表現すれば模式図下部のグラデーションになります。

なお，dpi とは，dots per inch の略で，デジタルにおける1インチ当たりのドット数を表しています。これに対して画素（ピクセル =pixel）とは階調を表す単位です。デジタルでは数値的に高い方をとって，画質のよさをアピールするため dpi で表現したり，画素で表現したりしています。dpi と画素の関係がわかるように，図20として dpi と画素数の換算の例を示しておきます。dpi とか画素数は単位面積あたりの数値になりますから，換算するにはサイズが重要になります。図20 の換算式では A4 サイズで比較しています。A4 サイズの面積はインチで表現すると，8インチ×11インチになり

ます。そのときの400dpiの解像度は画素数に換算すると約1,400万画素になります。また一般的なデジカメの画素数を600万画素とした場合の解像度をdpiに換算すると262dpiになります。

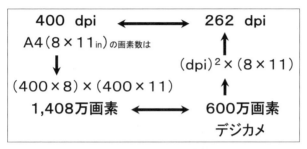

図20 dpiと画素数の換算式

(3) デジタルか，それともアナログか

このようにフィルムは，被写体をそのまま写し取ることに優れており，この点では現在もデジタルよりはるかに勝っているのです。しかし，図書館の利用者などには，一般にマイクロフィルムのイメージはよくありません。文字がよく見えなかったり，プリントアウトしても黒ずんでしまったりするからです。実は，これはフィルムではなくて拡大投影するマイクロ・リーダーの仕組みの問題であることがほとんどです。

一般的なマイクロ・リーダーは，フィルムの画像を二値，つまり白か黒でしか読み取りません。素晴らしいグラデーションからなるマイクロフィルムの画像も，二値で読み取られると，微妙な部分がすべて黒か白になってしまいます（図21）。このため実際には精細に撮影されていても，リーダーを通すと見えないということになるのです。

 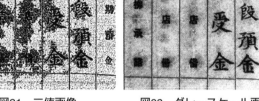

図21　二値画像　　　　図22　グレースケール画像

　この問題は近年発売されている，デジタル方式のマイクロ・リーダーが解決してくれています。デジタルにはグレースケールというドットで階調を表現する方法があります。これでフィルムを読み取ることで，従来のリーダーでは読み取れなかった細かな点まで鮮やかに再現できるのです（図22）。ただし，階調とはいってもドットであることには変わりなく，得られる画質がフィルムそのものより落ちることは否めません。しかし，閲覧し文字を読み取るだけならば，まったく問題はありません。

　ここからわかることは，資料保存に関していえば，デジタルとアナログを二者択一という構図に持ち込むのは，時期尚早ということです。デジタル全盛の時代ではあるのですが，両者を比較すると，保存に関してはまだデジタルは不確実性が高いのです。一方で，簡便で検索性に優れるという点はもはやアナログはデジタルにはかないません。リーダーの例からもわかるように，それぞれの特性を補い合って情報の保存に役立てていくのが得策なのではないでしょうか（図23）。

デジタル媒体は

システム依存性	セキュリティ対策	利便性	管理経費

時間とともに「不確実性・リスク・コスト」が増大するメディア

アナログ媒体は

システム独立性	自己完結型	互換性	長期保存性

将来的にも「長期・安全性」を保証するメディア

図23　デジタルとアナログの特性比較

3.3 大規模マイクロフィルム化の作業

本節では、これまでに筆者（野中）が携わったさまざまなマイクロフィルム化作業のうち、マイクロフィルムの保存媒体としての特性が発揮された例を中心に実例を見てみましょう。

(1) マイクロフィルム化と代替保存

国立国会図書館では明治時代に刊行された16万冊、3,500万ページの図書を、すべて16mmマイクロフィルムに撮影する作業を行いました。総コマ数は1,750万コマになりました。この作業の実施にあたっては、2年前から入念な準備がなされ、図書館と打ち合わせながら、撮影手法を技術的な観点から検討していました。

撮影のための検討事項は多岐にわたり、撮影中での図書の閲覧対応、撮影場所の広さと適正な人員配置を考えると、作業する人間がその場所で酸欠になりはしないかとか、床がふかふかしていて不安定で、マイクロカメラを置いて撮影時ピ

ントが合わないのではないかなど，細かなことまで検討しました。天井が低くてカメラの高さが問題になったので，解決策として，この撮影用に特別に専用カメラを 30 台ほど作るという提案もしました。

　実際の撮影に入ると，出版社の下請けとして 2 年間ほど国立国会図書館に出向しました。この事業の根本には，酸性紙問題があり，劣化した図書をマイクロフィルムに変換して原本へのアクセスを制限するとともに，利用はフィルムで行うことで資料の保存を徹底しようとしたものです。

　ただ，当時（1989 年頃）は，媒体変換を資料保存の一つと見なすという考え方に対して，まだ抵抗のあった時代です。図書館は原本至上主義であって，マイクロフィルムでは技術的に原本の内容を再現できない，撮影時に図書に負荷をかけて破損するだけだなどといわれたのです。これらの点については，最先端の技術を示しながら，時間をかけて図書館側と意思疎通を図りました。撮影において，原本の保持が第一であるということを徹底し，マイクロ化することが目的ではなくて，代替保存による原本の保全が主目的であるということを貫徹し，図書館員の理解を得たのです。

(2) 目録データとマイクロ化

　A 大学図書館には，明治期の教育者が蒐集した膨大なコレクションがあり，この中から江戸時代の本，5 万 4,000 冊，16mm マイクロフィルムで 226 万コマほどがマイクロ出版されています。

　この撮影の際に大変であったのは，目録データが完備されていなかったことです。実際にあった図書カードはすべて手

書きで，江戸時代の難しい漢字は忠実に再現されておらず，目録データとしては実に不完全なものでした。このため，作業はカード目録のデータ入力から始めることとなりました。このときに問題になったのは，現代においてフォントのない漢字が2千語もあったことです。異体字は常用漢字に置き換えて，それでも表現不可能な200文字ほどについては，外字処理で対応しました。マイクロフィルム撮影においては，原本が撮影された内容が反映された撮影リストがないと，必要な原本のページが見つからないので，目録データが記載されたリストが必要不可欠です。実際の原本を見ることで，目録データを修正し，原本に忠実なリストを作成しました。

　また，出版では原本の分類が必要不可欠ですが，実際のカード目録は内容が不明確で，このままでは出版に供しえないことが判明しました。したがって，この撮影作業の主たる業務として，分類体系の整備まで行いました。このためマイクロ化したのか，目録を作ったのかわからないような仕事になってしまったのですが，図書館側は非常に喜び，作成した図書リストを図書館の窓口で利用していたほどです。

　マイクロ化にせよデジタル化にせよ，資料を代替化する際には，目録データが完備されていなければ作業になりません。もしこれを考慮せずに撮影すれば，原本と撮影データの照合ができなくなってしまいます。資料保存のためにまずすべきことは，対象資料のリスト化だといわれるくらいですから，今後，撮影を企画する場合は気をつけたいものです。

(3) 洋書とマイクロ化

　洋書のマイクロ化については，B大学図書館が所蔵する約

2万点の作業に携わったことがあります。

　このときに一番問題だったのは，革装の洋書は原本の劣化があり，皮の劣化が進むと背が割れてしまうということでした。そのまま撮影しては，原本の破壊につながりかねないので，事前に原本の開き具合を確認し，損壊する可能性の高いものは，補修してから撮影，あるいは一旦解体して，撮影後に補修・再製本をするという方法をとりました。撮影作業の工程に補修を組み入れたわけです。補修作業は撮影終了後においても，さらに3年半ぐらいかかったと記憶しています。

　最近では洋書の撮影工程に補修作業を組み入れた例として，東京大学経済学部の「アダム・スミス文庫」のデジタル撮影があります[21]。この例では撮影にスキャナーを使用し，背表紙の撮影や，あおり撮影の利用など，できる限りもとの情報を残すことと，原本の解体回避策を講じ，それでもどうにもならないもののみ原本を解体・補修するという段階を踏んでいます。B大学図書館の事例はこれに先立つこと，10数年前のことですから，当時，原本保持と利用の両立を考えた稀有な事例だったといえるでしょう。

(4) カラーマイクロフィルムとデジタル化

　前節でフィルムの特性について，デジタルと比べて桁外れな解像力をもつものだと指摘しました。しかし，利用する側からすれば，マイクロフィルムよりデジタルの方が検索性，利便性に優れ，使いやすいことはいうまでもありません。このため，デジタル化が全盛となっても，マイクロフィルムをデジタル化の中間媒体として利用する方法も多くとられています。一度，マイクロフィルムで撮影しておき，できあがっ

たフィルムをスキャニングしてデジタル化するものです。この場合，モノクロ画像はもちろんですが，カラーマイクロフィルムを利用すればカラーのデジタル画像を作成することもできます。

実例としては，1999年に行った京都大学附属図書館の奈良絵本の電子化があります[22]。『たま藻のまへ』という巻子本をカラーマイクロフィルムで撮影してデジタル化し，インターネット上で公開しています。京都大学では，巻子状態をそのまま再現できるような公開の形にしたいということでした。現在ならたやすいことですが，当時のインターネット技術では難しい要求でした。このため画像を巻子状態として長くつなぎ，巻子本として次々にページを送りながら見ることができ，そのページを拡大して見ることも可能にしました。ただし，巻子状態につなぐとデータ容量が多くなり，インターネット上で画像を見るのにかなり時間がかかってしまいます。そのため画面上で画像が次々に見ることができるように閲覧ソフトを作成し，データ容量の大きな画像データの配信を実現したのです。

同じようにカラーマイクロフィルムを中間媒体として使用した実例に，東京大学経済学部の古貨幣・古札のデジタル化があります[23]。この作業は既にデジタル化全盛の2006年のことだったのですが，保存・技術・費用の観点から総合評価した結果，カラーマイクロ化からデジタル化へという手順を踏むこととなったのです。保存という点ではデジタルのみであれば，長期保存という点で難があり，技術の点では数万コマにのぼる撮影では当時のスチルカメラやデジタルカメラでは，特にシャッターボタン部分に耐久性のないことが心配さ

れ，費用的にもコマあたりの撮影スピードが速いマイクロフィルム撮影が有利だったのです。

このほか，別の大学や研究機関でも，印鑑や朱書(しゅがき)の多い古文書の撮影や，奈良時代の巻子本で，肉眼では見えにくい白点(はくてん)を含む古文書のデジタル化の中間媒体としてカラーマイクロフィルムを活用しました。

(5) マイクロ化・デジタル化作業の留意点

以上，見てきた諸例から，図書館でマイクロ化やデジタル化を行う際の必要最小限の留意点は次のようになるでしょう。

① 撮影は，資料保存，なかでも原本の保存と利用の両立を最大限考慮の上で計画されるべきであること。

② 上記を満たすため，作業工程に解体，補修などの修復保全措置を適宜組み入れる必要もあること。

③ 撮影に際しては，対応する目録データが完備されていること。

④ 撮影手法や使用技術は保存・技術・費用の観点から総合的に評価した上で選択すべきこと。

技術は日進月歩ですから，最新と思われた技術の陳腐化も早くなっています。しかし，上述のような基本的な考え方さえ貫徹されていれば，技術が変化しても，どのようにでも対応できるでしょう。

（野中　治）

第 II 部

マイクロフィルムの劣化と保存環境

1章 マイクロフィルムの保存と劣化対策

1.1 マイクロフィルムの劣化とその要因

(1) 劣化とは何か

そもそも劣化とは,材料が熱・光・放射線・機械的摩擦・反復使用・化学薬品・微生物などの影響を受けて,変色したり,機械的強度が低下したり,亀裂を生じたり,軟化したり,もろくなったりして,実用に耐えなくなる現象のことをいいます。これを化学的に説明すると,材料を構成している原子の集合体や,分子およびその集合体の構造が変化し破壊されることです。化学反応性に富む有機材料では,特に多様な要因が複合的に働いてさまざまな劣化が生じます[24]。

つまり,劣化とは避けられない科学反応であることをまずは認識しておかなければなりません。化学反応の進行速度には温度と湿度が影響します。資料の劣化対策に,温湿度管理が重視されるのはこのためなのです。マイクロフィルムも素材に多くの有機物が使われていますから,マイクロフィルムを長期保存する,すなわち,なるべく劣化させないためには温湿度管理が重要となるのです。

(2) マイクロフィルムの長期保存のための三要素

既に随所で述べているように,マイクロフィルムの画像

形成には，光に反応する物質（感光剤）が利用されています。現像とは，光で化学反応を起こさせ，適当なところで強制的に反応を止めて画像として定着させる工程（☞Ⅰ部3.1(4)）にほかなりません。このため先に述べた①**素材の性質**や，②**温湿度**の問題に加え，フィルムの作製過程における③**処理方法**が長期保存の適否を大きく左右するといわれています。

(3) ビネガーシンドロームと酢酸による影響

図24　ベースの湾曲

図25　可塑剤の溶出[25]

図26　結晶化した画像

図27　結晶化[25]

ビネガーシンドロームとは加水分解によるフィルムベースの劣化です。TACは氷酢酸による脱水縮合という反応を利

1章　マイクロフィルムの保存と劣化対策………55

用して生成されます。ところが,水を利用しやすい条件になると,反応が逆に進んで酢酸を放出します[26]（☞Ⅱ部2.2(1)）。酢酸の放出が始まると,現在のところそれを完全に止めるすべはありません。

ビネガーシンドロームが進行するとベースの湾曲（図24）や,合成樹脂に柔軟性をもたせ加工しやすくする添加剤（可塑剤）の溶出（図25）,酢酸や可塑剤の結晶化（図27）などが見られ,画像の貼り付きや固着,さらにはベースや画像の崩壊・消滅に至ります。運よく画像が残っていても,図26のように歪みや結晶の影響で内容を読み取れなくなります。

では,劣化したTACフィルムからは,どのくらいの量の酢酸が放出されているのでしょうか。後述するA-Dストリップによる測定レベル3以上（☞Ⅲ部2.4(3)）のフィルムを,2週間常温に放置した後でガス検知管により測定すると,40〜50ppmという高濃度の酢酸が放出されます[27]。

表6　酢酸濃度の比較[28]

測定箇所	空気中の酢酸濃度（単位：ppm）
屋外	0.00012（清浄）〜0.012（汚染）
屋内,オーク材使用の場合	0.016〜0.04,0.12〜2.8
木製の包材	0.032〜1.2
油性塗料　5週間乾燥	8〜28
乳剤系もしくは二液混合型エポキシ系塗料　5週間乾燥	1.2〜8
酸性シリコン	0.04（7日間硬化）〜0.4（29日間硬化）
酢酸臭のあるセルロース・アセテートフィルム群	0.36〜40

※ppm(parts per million)は濃度を表す単位で百万分のいくらかの割合(百万分率)を表します。つまり1ppmは0.0001%のことであり、逆に1%は10000ppmとなります。同様にppb(parts per billion)は十億分率の意味です。

表6はさまざまなものから放出される酢酸濃度の比較です。この表のうち「酢酸臭のあるセルロース・アセテートフィルム群」の部分と対比すると、先ほどの測定結果が決して特異なものではないことがわかります。

文化財に対して被害を与えない酢酸濃度は0.175ppm($430\mu g/㎥ = 0.43mg/㎥$)[29]、人体への許容濃度は10ppm[30]とされています。これらの数値を参考の上で、保管庫の酢酸濃度が高い場合は、保管環境の酢酸濃度を下げる対策をとる必要があります(☞Ⅱ部2.3(2))。

酢酸はビネガーシンドロームの触媒として作用するだけでなく、健全なマイクロフィルムの画像に影響を与えて劣化を引き起こします。また保存庫内の酢酸濃度が高くなると、金属製の備品、空調や除湿器の配管を損傷する可能性が高くなります。口絵④は、酢酸により腐食した空調機内部、口絵⑤は酢酸によりゴム製パッキンが腐食し緩衝材(朱色部分)が露出してしまったキャビネットです。

ビネガーシンドロームによるこういったさまざまな被害を予防するには、保存環境の改善により、発症や進行を遅らせるしかありません。

図28は、温湿度とTACベースの寿命との相関関係を示したグラフです。

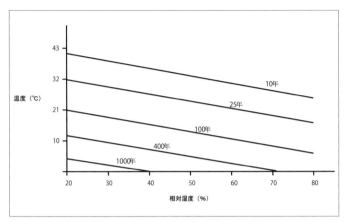

図28 TACフィルムの寿命と温湿度の関係[31]

　温度（縦軸）と相対湿度（横軸）の交差する点がビネガーシンドロームの発症までに要する年限を示しています。ここから，一般的な紙資料保存の温湿度である22℃ ± 2℃，55% RH ± 5%（RHは相対湿度を示す）でTACフィルムを保存した場合，30年程度でビネガーシンドロームを発症することがわかります。

　対策を講ずるためには，何よりもまずTACベースフィルムの数量とビネガーシンドロームの進行状態を把握しなければなりません（状態調査）。保存環境については第Ⅱ部の2章を，状態調査については第Ⅲ部の2章を参照してください。

(4) 変色と褪色

　ビネガーシンドロームは，媒体であるベースの劣化であるのに対し，変色や褪色は画像，つまりフィルムにおける記録材料の劣化です。銀塩フィルムの場合，画像の劣化は画像銀

の硫化や酸化・還元等により引き起こされます。両者は見た目には区別のつきにくい場合もありますが，化学現象としては異なったものです。

① 硫化

硫化による変色や褪色は処理方法の問題，特に現像時の水洗不足による残留物質の影響が第一にあげられます。定着薬が残留すると，画像銀と反応し硫化銀となることで，画像に黄褐色の斑が表れます（黄変）。硫黄臭がし，ひどいときにはフィルム表面に白い薬品が析出することもあります[4]。また，硫化は保存環境，具体的には大気中のガスや包材に含まれる硫黄分によっても引き起こされます。ですから，フィルム保存庫の空気は清浄に保つようにし，包材にゴムなど硫黄分を含むものを使用しないようにしましょう。

硫化によるマイクロフィルムの変色・褪色原因は，処理方法や保存環境の問題だけにとどまりません。口絵⑥は硫化銀の形成により変色したフィルムの例ですが，この原因は現像時の水洗不足でも，保存環境の問題でもありませんでした。複数箇所にヒトの指紋の形の変色が見られることから，フィルムを取り扱った人間の指に付着した硫黄分が，変色の原因になったと考えられます。薬用ハンドクリーム，化粧品や洗剤の界面活性剤，パーマ液などにも硫黄分は含まれていますから，マイクロフィルムに素手で触れることは，硫化を引き起こすリスクがあることを心得ておきましょう。

② 酸化

酸化，より正確には酸化・還元反応による変色・褪色では，

マイクロスコピックブレミッシュ（ブレミッシュ，☞口絵⑦）がよく知られています。ブレミッシュはフィルムに赤色の微小斑点（マイクロスポット）が生じたり，画像全体が黄変したりする現象です。これは，銀画像が酸化により銀イオンとなって乳剤中を移動・拡散し，その後，還元によりコロイド銀（微小の銀粒子）となり定着することで生ずるとされています[4]。

なかでもコロイド銀が乳剤の表面に定着・析出すると，フィルム表面に銀が浮き上がったような金属光沢が生じます。この状態を銀鏡（☞口絵⑧）といい，フィルム上で銀メッキをほどこすのと同種の化学反応が起きていると考えられています（銀鏡化）。ただし，銀鏡が生ずるためには強い還元剤が必要であって，どのような物質が該当するのかも含め，フィルムにおける銀鏡の発生メカニズムは，まだ解明されているとは言い難いのが現状です。

これまでフィルム画像の酸化については，ブレミッシュばかりが強調されてきました。しかし，国立国会図書館の報告[32]や私たちの調査（☞Ⅲ部 1.2〜3）などからも明らかなように，実際には，銀鏡化の方がブレミッシュより多く見られる普遍的な劣化現象であり，今後，注視する必要があります。

変色や褪色は，保存庫や包材といった保存環境から受ける影響も大きいです。金属製の缶やリール，輪ゴムによる帯の代用，酸性紙を使った収納容器や帯などの使用はやめましょう。包材は規格に合致したものに交換し，PETフィルムとTACフィルムの分離，保存庫内の有機酸除去などによりリスクの軽減をはかりましょう。

(5) 温湿度に起因する劣化症状
① フィルムの貼り付きとフェロ化

　フィルムに乾燥不良や，水濡れ，結露などがあると，水分によりベース面から分離した乳剤層やバック層のゼラチン，フィルムの添加剤，フィルム処理時の残留物質などを介在して，フィルム同士の貼り付きが起こります。既に述べたように貼り付きは，ビネガーシンドロームの症状の一つでもありますが，水分に起因する貼り付きは，ビネガーシンドロームを発症する前のTACフィルム，さらにはPETフィルムであっても起こり得ます。

　貼り付きの度合いが大きかったり，水分を得た後に急激な乾燥を受けたりすると，フィルムが固着してしまい，これを無理に引き剥がそうとすると，画像やバック層の剥離（☞口絵⑨），ベースの破断（☞口絵⑩）を招きます。軽度の剥離は，フィルム内の層が浮き上がることで斑のように見え，重度の剥離はベース面から画像やバック層が完全に剥がれ落ちてしまいます。

　貼り付きがごく軽く，固着や剥離を回避できたとしても，水分を受けたフィルムは表面に水分の乾いた痕（押し痕）が残ります。これは貼り付き部分が，正常なフィルム表面に比べ光沢を帯びた滑面状になっているためです。このように，フィルムの不適切な乾燥や凝結により，フィルム表面に浮き出た押し痕（光沢斑）をフェロタイピング（ferrotyping，☞口絵⑪）というので，この現象をひとまずフェロ化としておきます。

　1本のフィルムにおいて，リード部分がフェロ化しており，フィルム内部に進むにしたがい徐々に剥離，固着へと症状が進行していくものもあり，フェロ化，剥離，固着が水分によ

る一連の現象であることを裏づけています[33),34)]。

　フェロ化は，口絵⑪のようにフィルム全体に見られるとは限りません。ロールフィルムをゆっくりほどきながら，よく耳をそばだてると，パリパリという破裂音が聞こえることがあります。この際，音のしたフィルムの周辺をよく観察すると，フィルムの外側に近い部分にごく微量のフェロタイプが点々と見られることがあります。このレベルのフェロ化は，条件さえそろえば，いつでもどこでも起き得ます。

　特にPETは疎水性のために，水分をほとんど吸収しないので，結露が生じるとフェロ化を引き起こす可能性が高くなります。保存のために保管場所を低温・低湿にすることは望ましいことなのですが，利用を前提としているフィルムは保管場所と利用場所の温度差に注意し，出納時にフィルムが結露しないような工夫が必要です。具体的には保存庫内に利用スペースを設ける，PETの閲覧用フィルムは常温で保管する，保存庫と利用スペースのちょうど中間の温度の空間に，一定時間（おおよそ2〜3時間[35)]）フィルムを容器に入れたままならしてから出納するなどが考えられるでしょう。

② カビとひび割れ

　湿度が高いとカビなどの生物被害を誘発します。乳剤層やバック層に使われるゼラチンは，微生物にとって高タンパク質の良好なエサとなります[26)]。また清掃がゆき届いていないと，ほこりが栄養源となって紙製の収納容器にカビが発生することもあります。したがって生物被害という意味からは，相対湿度60％を超えないように湿度コントロールを徹底しなければなりません（☞Ⅱ部2.2）。

一方で，相対湿度が低すぎると静電気が発生しやすくなってほこりを引き寄せたり，画像のひび割れ（クラック）を誘引します。このため，フィルム保管庫内の相対湿度は15％以上でなければなりません。

(6) 非銀塩画像フィルムの劣化

　ジアゾフィルムは経年により褪色が進行し，最終的に消滅に至ります（☞Ⅰ部1.2(2)）。ジアゾフィルムのベースは，かなり早い時期にPETになっていますが，TACベースのものも一部存在します。TACベースかつジアゾ画像であるフィルムは，ビネガーシンドロームと画像の褪色が同時に進行します。この場合，画像はオレンジ色に変色して液状化し（☞口絵⑫），通常の酢酸臭とは違った異臭を発します。

　ベシキュラーフィルムが高温に弱いことは既に述べましたが（☞Ⅰ部1.2(2)），画像が気泡からなるため，閲覧時の摩擦や経年劣化から，気泡が破壊され，粉状になって飛散することがあります。

　カラーフィルムの色素（シアン・イエロー・マゼンダ）は，染料のため褪色を避けられません。一般的にシアンが光に弱く早く褪色するため，徐々に画像は赤味を帯びてきます。

1.2 マイクロフィルム劣化対策の基本

(1) 温湿度管理

　前節で見たように，マイクロフィルムを中長期的に保存するためには，温湿度の管理が最も重要となります。フィルム保存のための温湿度条件は，JISにより規格化されていま

す。ただし JIS には,「銀－ゼラチンマイクロフィルムの処理及び保存方法」(JIS Z-6009:1994),「写真－現像処理済み安全写真フィルム－保存方法」(JIS K-7641:2008) の 2 種類の規格が存在します。規格が複数あるのは,規格の原案作成団体が異なるからで,JIS Z-6009 はマイクロフィルム業界,JIS K-7641 は写真業界によるものです。両者の保管条件にはかなりの隔たりがあるので,ここでは,両基準の必要部分について表にしておきます。

表7　JIS Z-6009:1994の環境条件[35]

保存条件	温度（℃）	相対湿度（% RH）	
	最高	TAC	PET
中期保存	25	15 － 60	30 － 60
永久保存	21	15 － 40	30 － 40

表8　JIS K-7641:2008の環境条件（長期保存）[36]

画像	ベース	最高温度（℃）	相対湿度（% RH）
白黒	TAC	2	20 － 50
		5	20 － 40
		7	20 － 30
	PET	21	20 － 50
カラー	TAC	-10	20 － 50
		-3	20 － 40
		2	20 － 30

JIS Z-6009（表7）の「中期保存」とは,最低 10 年保存できることを指します。また「永久保存」については,期待寿命 500 年以上の保存を指すとされています。JIS K-7641 では,

「中期保存」の場合は相対湿度の平均値は50％で，60％を超えてはならず，平均温度は長期的には21℃以下で25℃を超えてはならず，短期的にも32℃を超えてはならないとされています。また「永久保存」は「長期保存」と言い換えられ，これが表8に示した環境条件となります。

全国の大学図書館・都道府県立図書館の中で，湿度設定ができるマイクロ収蔵庫を有する図書館は，22.7％しかありません（☞Ⅲ部1.3(6)）。この状況では，JISでいうところの「中期保存」ですら危うい図書館がほとんどであるということになります。一方で，JIS K-7641に示されるような長期保存のための環境条件を満たせる保存庫は，費用面からほぼ実現不可能でしょう。まずは相対湿度を40％以下とすることを目標（☞Ⅱ部2.2(1)）とし，可能であれば21℃，35％RH程度の環境[4]を目指しましょう。

保存庫内を断熱するとともに，冷房の導入で温度を，除湿器の設置で湿度を下げるような改良ができれば最もよいのですが（☞Ⅱ部2.2(2)），すぐに施設・設備の改良ができるとは限らないでしょうし，構造的に改良が難しい場合もあります。こういった場合，カーテン（☞Ⅱ部2.1 図31）や気泡緩衝材（エアキャップ）等を利用した簡易的な断熱[37]や，家庭用除湿器，シリカゲルなどの乾燥剤の活用など，できる範囲での対処を考えたいものです。

なお，乾燥剤の中には急激な湿度低下をもたらすものもあります。前述のように湿度が下がりすぎると画像のクラックを誘発しますから，特にフィルムに接して置くような乾燥剤は，フィルム専用のものを使用する方が無難です。

(2) フィルムの分離保管

ベースの種類や画像形成方法の異なるフィルムは分離して保管するのが原則です。

ベースの種類の相違で分離することが推奨されるのは，NCベースの発火性，TACベースのビネガーシンドロームといった問題が，PETベースや他の資料に影響しないよう配慮するためです。特にNCベースについては消防法で危険物第5類（自己反応性物質）第1種に指定されており，10kg以上の保有は所定の手続きが必要となります。なお，条例により指定数量がさらに厳しく規制されている地域もありますから，詳細は管轄の消防署に問い合わせてください。NCベースのフィルムが発見された場合は，量の多寡にかかわらず，すみやかにフィルムの専門家に対処を相談しましょう。

TACとPETの分離は，以前から原則論としてうたわれていますが，実際にはスペースやコストの問題で困難なことがほとんどです。この場合は，防湿庫（ドライキャビネット）やガスバリア袋等を使って，ビネガーシンドロームを発症したフィルムを隔離したり，排架位置の調整や酢酸吸着剤の使用により健全なフィルムへの影響を最小限に抑えるような対策をとるべきでしょう（☞Ⅱ部2.3，Ⅲ部2.3～5）。

ジアゾフィルムは現像剤にアンモニアガスを使用しているため，処理が悪いと残留アンモニアによる影響が懸念されます。また，ベシキュラーフィルムの一部には酸性ガスを発生するものもあります[36]。このため銀塩・ジアゾ・ベシキュラーは原則，収納場所を分離するか，一方を隔離しましょう。

フィルムの劣化により放散される各種の化学物質は，先に見たように，同じ保存空間にある健康なフィルムの画像を変

色・褪色させます。これらを防ぐために，たとえば富士フィルムのAgガードや，コダックのブラウントナーのように，フィルム表面をコーティングして化学物質の影響から画像銀を守る処理もあります。

(3) **放散作業**

図29　リワインダー

　ビネガーシンドロームを起こしたTACフィルムは，巻き直し作業をすることで，容器内やフィルムに滞留した酢酸を放散できます。放散作業はフィルムを人力で巻き取るリワインダーという機器を用いて，清浄で乾燥した部屋でフィルムをゆっくりと巻き取り，酢酸（さらには水分）を放散します。マイクロ・リーダーを使用した高速の巻き取りは，フィルム表面が乾燥した空気に触れる時間が短く，あまり意味をなしません。また放散作業の際には，適宜換気を行い，保護具（マスク，手袋，保護めがねなど）を使用することで，酢酸の人体への影響を防ぎましょう。

　なお，過去にはビネガーシンドロームを発症したフィルムを，再水洗・再乾燥させる処理を推奨した時期もありました。しかし，これはビネガーシンドロームをより促進させることがわかっていますので，決して行わないでください。

(4) 包材交換

　酸性紙の包材は，紙から放出される酸がフィルムの画像を劣化させるだけでなく，酸性劣化によりもろくなった紙が粉状になり，静電気でフィルムに絡みつきます。これではフィルムに酸性の粉末をふりかけているようなものです。したがって，酸性紙の包材は早めに交換しましょう。

　また，保存庫内でビネガーシンドロームを発症していると，包材の紙が酢酸を吸着し，包材が酢酸の放散源になることもあります[38]。さらに，包材が汚染されてしまうとPETフィルムにも酢酸臭が移ります（このため臭気だけでベースの種類を判断するのは好ましくありません）。包材の交換は大変意味のあることですが，酢酸臭がかなりひどい場合は，劣化したTACの隔離や環境改善の方が優先されるべきでしょう。

附節 水損フィルムの復旧について

　建物の水漏れや，洪水，津波，さらに近年ではゲリラ豪雨など，水害を受けて資料が損壊する事例が多くなりました。繰り返し述べているように，フィルムの画像を形成する乳剤層は親水性のゼラチンからできています。ロール状に巻かれたフィルムが水に濡れた場合，放置して自然乾燥に任せてしまうと，ロールのままで固着してしまいます。また，水分を含んだゼラチンはバクテリアにより分解されやすく，カビの発生も招きやすくなり，画像の急速な劣化につながります。純水や水道水に長時間浸けても画像の膜剥がれは起きませんが，泥水や水垢の発生している水など，バクテリアを多く含む水に浸かると，約3日で膜面が緩んだり，画像が遊離する

実験結果が報告されています[4]。

　水害の汚水にはさまざまな微生物が含まれていますから，画像への影響を最小限に食い止めるならば，水濡れしたフィルムは48時間以内に再洗浄の上，乾燥しなければなりません。東日本大震災の教訓から，フィルムメーカーや関係業者のウェブサイトには，水濡れした写真やフィルムへの対応方法がまとめてありますから，それらを参考に日ごろから万一の場合の対策を考えておくとよいでしょう。これらのサイトで推奨される洗浄水には，真水の場合とぬるま湯の場合があります。マイクロフィルムは乳剤層が一般の写真フィルムより薄いので（☞Ⅰ部3.1(2)），どちらの場合でも効果はさほど変わらないと推察されます。

　乾燥が難しい場合は，応急措置としてそのまま冷凍庫で一旦保存する方法もあります。この場合，プラスチック容器などを上手く活用してフィルムが重なり合わないようにすることが重要です。実験では，48時間水道水に浸けたフィルムをマイナス15〜20℃の冷凍庫に入れて凍結し，その後乾燥したところ，透過光で画像を判読するには差し支えないレベルであったと報告されています[39]。

　しかし，災害対策としてまずは，水漏れのリスクをできる限り回避できるような建物や設備を整えることが最も肝要だと考えられます。

（小島浩之）

2章 フィルムの保存環境

2.1 資料保存のための環境整備

　オリジナルフィルムのもつ情報量は多く、その歴史的価値が確定するまでの最短でも50年間は、フィルムが傷まないように保管環境を整えていく必要があります。情報読み出しに支障のないようにフィルムの平面性や形態を保ち、かつ情報量を落とさないためには、災害や盗難に遭わず、安全に取り扱われ、適した温湿度で制御された清浄な空間で、不要な照明は使わず、昆虫の食害を受けずカビが生えない環境に、フィルムを保管しなければなりません。

　そのためにはフィルムの収蔵施設は、地震で崩れない強度をもち、十分な断熱性能があり、また浸水しない場所にあり、漏水がなく、害虫が侵入しにくいように窓などの開口部が少ないとよいでしょう。施設内にはフィルムを安全に取り扱える十分なスペースが必要です。フィルム以外の資料では、やや爽やかで快適な温湿度環境に保ち、温湿度の変化がゆるやかで、わずかな空気の流れがあり、塵埃や汚染ガスのない清浄な空気の下、紫外線を出さず赤外線の少ない照明設備を設置すれば、資料価値を著しく損なうことはありません。しかし、フィルムは低温・低湿度で保管しなければならず、その達成は一般的な施設では困難で、空調設備更新や断熱増強な

どの施設改修，あるいはフィルム保管専用施設の建築が必要です。

価値が未確定なフィルムにどれほどのコストをかけて保存するか，情報量の多いオリジナルフィルムからの情報損失を防ぐため，形態の維持に必要なエネルギーコスト（+環境負荷）を検討・比較して，環境基準を設定します。必要なエネルギーコストを低減するのに有効な考え方が区画化（ゾーニング）です。

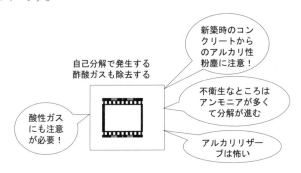

図30　保管上の注意　低温・低湿・空気清浄

熱や湿気，大気汚染の侵入は，施設の外周から起こります。フィルムの収蔵には，漏水，高温，高湿にならない場所を探して，より低温の場所を保管場所に選択します。建物の最上階は高温にさらされやすく，1階や地下階は浸水のリスクや高湿度に見舞われるおそれがあります。可能であれば，中間階に保管しましょう。

断熱の基本は外周に空気層を設けることです。窓がある場合には，窓をふさぐとよいでしょう。遮光も断熱もできる木材の板でふさぐとよいのですが，設置が難しい場合は床まで

届く長さの,分厚い遮光性のあるカーテンをつけてガラス面が室内に露出しないようにして,窓からの熱気の侵入を防ぎましょう。壁・天井のある小室を室内に作り,その中に効率よく収納することができれば,断熱性はよりよくなります。

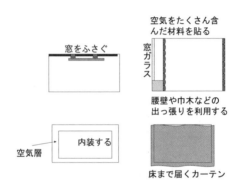

図31 断熱補強の事例

小室に収納することで,温度調整をする空間が小さくなり,省エネになります。温度調整は通常のエアコンで可能です。湿度調整は除湿器を使用します。気密性のあるフィルムキャビネットや除湿ユニットを付加した低湿保管庫(防湿庫)も市販されています。

外壁に近い棚では壁からの暖気・冷気が伝わりやすく,棚内の環境は室内空間と異なっているかもしれません。温湿度が測定記録できるデータロガーなどを用いて,引き出しの中など実際のフィルム保管場所の温湿度を測定し,確認,監視しましょう。室内よりも温度が低い場合,より高湿度になっているかもしれません。棚の並びを変えて,外壁を背負わな

いように排架するのが最も保存上有利な配置です。

　金属製の棚の場合，背側に断熱性のよい材料を貼るなどの工夫をするとよいでしょう。金属リールは冷えて湿気を呼ぶので，プラスチックリールに替えましょう。木材の棚であっても，それほど断熱性は高くありません。コンクリートは熱伝導率の点ではほとんど無抵抗で，コンクリート面がむき出しの建物か，内装があるのか，内装と外壁の間の空気層はどのくらいか，室内にコンクリートの梁や柱が露出しているのかで，冷える場所が異なります。建物の北側，日照の短い東側，長期間の着雪，冷たい雨が長時間叩きつける場所，気温が大きく下がるような時期など，外壁温度が急激に低くなりそうな場合には，その外壁を背負った棚，特に金属製の棚の中の温湿度変化に注意し，監視してください。断熱性のよい材料がすぐに入手できない場合には，エアキャップを二重〜四重にしたものも断熱性の改良には利用できます[37]。

表9　さまざまな素材の熱伝導率[40]

素材	熱伝導率 W/（m・K）
空気	0.026
硬質ウレタンフォーム	0.027
グラスウール	0.047
天然木材	0.12
水	0.59
鉄筋コンクリート	1.4
鋼材	45

※熱伝導率：1℃の温度差がある厚さ1mの物体を単位面積あたり1秒間に流れる熱量。数値が小さいほど，断熱性に優れている。

空気清浄はフィルムの保管において重要です。空気汚染物質は，粒子状の塵埃と気体上の化学物質の二つの形態で室内に入り込んできます。一般的に，空気汚染物質は外周から施設内へ，最終的にフィルムの保管場所に入ってきます。外周から最も遠い区画に保管することが空気清浄では有効です。しかしゾーニングだけでは空気清浄は達成できません。空調ダクトや換気口・換気扇のように，保管場所と外周が直結した箇所があります。また，フィルムそのものから発生する化学物質もあります。

　塵埃は湿気だまりを作り，化学物質を吸着しやすい性質があるので，できる限り保管場所に持ち込まないようにしましょう。空調機がある場合，外気処理用のフィルターが必要です。外気処理用のフィルターには主に3種類あります（表10）。

表10　フィルターの種類

フィルター種類	プレフィルター	中性能フィルター	高性能フィルター（HEPA）
試験規格	JIS B 9908 形式3	JIS B 9908 形式2	JIS B 9927
試験粉塵	粒径 10〜20μm	粒径 2μm	粒径0.3μm（フタル酸ジオクチル）
効率の分類	20〜90%	60%以上, 90%以上	99.97%以上
効率の測定法	質量法	比色法	計数法

　屋外の大気には活性の高い，多種多様な微生物が多量に含

まれています。粗い土壌粉塵や繊維を除去できるプレフィルターに加えて、粒子径 $2\mu m$ の粉体を95％以上（比色法）捕集できる中性能フィルターを設置するとよいでしょう。黄砂の粒子径は約 $4\mu m$、花粉は $20\mu m$ 以上です。カビの胞子、人間から飛散するフケやアカ、ダニのフンや酵母・細菌類の大きさは $1\mu m$ 前後の場合がありますので、より性能の高い高性能フィルター（High Efficiency Particulate Air Filter: HEPA）をつけないと侵入を防止できませんが、中性能フィルターを設置すれば花粉や黄砂が堆積することはなくなります。ごく微細な粒子を捕捉するためのフィルターをつけると、能力の大きいファンをもつ空調機を設置しなければ空気を濾せなくなるので、一般的には費用対効果の点で中性能フィルターの効率がよいとされています。

　外気が保管場所に入ってくるのを避けるため、フィルムの保管場所に直接取り付けられた換気口・換気扇は、外気温度を調整する全熱交換機と細かな粉塵を除去する中性能以上の能力のフィルターが必要です。外界に直接つながっている孔になるので、稼働していないときには室内外の圧力差にしたがって外気が自由に出入りするので、稼働していないときには外界と遮断できるダンパー装置をつけましょう。配管の周囲は、害虫が侵入してこないよう隙間を埋めてもらいましょう。また、換気扇を稼働して保管場所内の空気を外界に捨てる構造の場合、保管場所内の圧力は負になり、どこかの隙間を通って空気が入ってきます。どこから空気が入ってくるのかを確認しましょう。その空気の流れとともに、害虫、カビ、粉塵も一緒に動いてきます。

2.2 温湿度管理とカビ対策

(1) 温湿度管理

フィルムのベースは，1954年以降順次ニトロセルロース（NC）から難燃性の三酢酸セルロース（TAC）に代わり，TACが加水分解してビネガーシンドロームが発生することが解明されると，より長寿命のポリエチレンテレフタレート（PET）に変わりました。

NCはセルロースのOH基をニトロ化したもので，安全データシート（Safety Data Sheet: SDS）によると，乾燥すると自然発火し，分解して窒素酸化物を生じ，また酸化剤，塩基，酸と反応する厄介な物質です。保管条件が他のタイプのフィルムと異なり，また劣化とともに生じる窒素酸化物が同じ室内で保管されているフィルムの画像を劣化させるため，フィルムの種別を見分け，他の種類のフィルムと同じ室内で保管しないことをお勧めします。

TACは，セルロースのOH基をアセチル化したもので，化学的にはエステルの一種です。エステルの合成・分解は可逆反応で，酸や塩基の存在で加水分解が起こり，酢酸を放出しビネガーシンドロームを起こします。

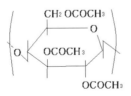

図32　TACの化学構造

PETはポリエステル樹脂の一種で、化学的にはエステル結合でつながっています。成形加工時の湿気や熱によって重合がうまく進まない、あるいは一部分がカルボン酸になり、その後の酸加水分解を促進することがあるとされています。成形後、常温・常湿の環境下ではほとんど加水分解することはありません。しかし、高湿度では加水分解が起こります。この加水分解は温度が高いほど著しく、アルカリ性物質が存在すると分解が促進されます。

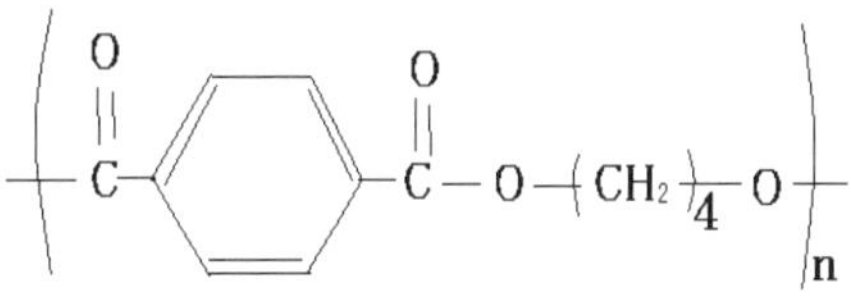

図33　PETの化学構造

エステル結合の加水分解は、酸性の条件では温度にのみ依存します。アルカリ性の条件では温度に依らず、立体構造が安定な分子ができる場合に分解が進みます。保管場所が酸性になるのは、窒素酸化物など大気汚染物質の侵入や内装や収納具に木材を使っている場合です。室内空間がアルカリ性になるのは、新築コンクリート造の場合や室内に微生物被害がある場合、空間の容積に対して人が密集している場合です。

TACではアセチル基が大きく、立体構造の点でアセチル基が抜けた方が安定した化合物になるので、アセチル基が抜ける反応が続きます。一方PETでは、エステル結合が切断されても安定性があまり変わらないので、加水分解が進みにくいのでしょう。

TACベースのフィルムの保存では、酢酸の脱離が始まる

までは低温であることがより重要です。低湿で保管することも重要で、空間の相対湿度が40％を超えるとゼラチン内の水は自由水となることがわかっています[41]ので、40％RHを下回る環境を目指します。酢酸臭がし始めたら、ゼラチン内の自由水に酢酸が際限なく溶解し、加水分解速度が劇的に上昇するので、40％RH以下の低湿度で保管することがより重要です。

フィルムの安全な保管のために、温湿度の監視・記録は必須です。温湿度データを連続記録できるデータロガーの利用をお勧めします。管理用に保管場所の近傍に設置するほか、部屋の温湿度を制御しているセンサーの近傍、部屋の平均的な値を示す場所、部屋の隅など湿気の滞留しやすい場所を監視し、データを比較して保管場所の温湿度分布の特徴を知りましょう。相対湿度を測るセンサーは環境に慣れて正しい数値を示すまでに5〜10分かかりますので、データロガーの計測頻度は5分間隔以上をお勧めします。

図34　温湿度測定器等

湿気のよどむ場所を見つけたら、ファンを追加設置して、室内の温度分布をなくすことを目指します。ファンは棚の並

びを考えて空気が流れるように設置しましょう。天井から吊り下げるなど，高い位置につけると，床にたまった粉塵を舞い上げないのでよりよい環境になります。

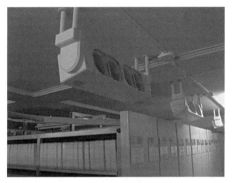

図35 天吊りの送風機の例

　除湿器の選び方には注意が必要です。コンプレッサー式は除湿能力が高くゼオライト式に比べると消費電力が少なく，結果として室内の温度上昇が少ないのですが，室温は上昇します。また，冬季には除湿能力が減るので日本海側の地域では冬季に能力が出ないこともあります。ゼオライトを使うデシカント式は冬季にも除湿能力が高いのですが，ヒーターを使うため発熱量が多く温度上昇が大きいです。床置きの除湿器の設置は，タンクにたまった水を定期的に捨てる手間が作業上の問題となります。最近ではヒートポンプ式と組み合わせて，熱効率のよいデシカント式空調機も市販され始めました。外気との換気量が少なければ除湿能力も小さくできます。室内に小室を作り外周に排熱，除湿水分を排出できるのであれば，除湿器タンクの水捨ての手間もなくなり有効です。

(2) カビ対策

フィルムは感光剤をゼラチンに分散させたものですから，湿度が高いまま放置するとカビが生えます。カビはゼラチンを栄養源にして繁殖し画像を壊していくので，相対湿度60％を超える環境で保管するのはやめてください。

カビは栄養・酸素・水の条件がそろって生育します。フィルムを構成する材料，ベース・ゼラチン・感光材料のほとんどはカビの栄養源になり得ますが，良質のタンパク質であるゼラチンは窒素源としてカビの繁殖に欠かせないため，高湿度環境でゼラチン層が第一番目に被害を受けます。

酸素は資料を活用する人間にとって必須なもので，多量のフィルムを保管する保管庫では酸素濃度を下げることはできません。小さな特殊な三層構造のプラスチックバッグ（ガスバリア袋）を使う低酸素処理を行うことで，カビ被害を受けたフィルムのカビ繁殖を一時的に停止する処置を行うことはありますが，NCベースやTACベースのフィルムでは窒素酸化物や酢酸がバッグ内で高濃度になり劣化が進むため，吸着剤と一緒に封入しない限り，長期の保管はできません。

そこで，フィルムのカビ被害防止のために行う作業は，①空間の清浄度を上げ，保管方法を変えてカビの栄養源のさらなる供給を絶つこと，②空間の相対湿度を制御してカビの利用できる水分量を減らすこと，の2点に絞られます。

堆積した粉塵は，湿気のたまり場でありカビの栄養源にもなりますので，保管場所の定期的な吸引清掃・清拭とともに，空気中の粉塵濃度を下げることは重要です。

利用者から発生するのは，靴裏についてくる土壌粉塵，衣服等から発生する繊維状の塵埃や頭髪からのフケ，発汗によ

る水蒸気や塩，代謝で生じるアンモニアや各種の有機酸，アミノ酸などです。空間に放出される量は作業内容によって大きく異なり，激しい作業ほど浮遊粉塵量は増えます。喫煙しない用途の部屋では，1人あたりの発塵量は 5mg/h と見積もられています。図書館・博物館・学校施設などの公共施設で延床面積が 3,000 ㎡以上の建物のおおよそは，特定建築物として「建築物における衛生的環境の確保に関する法律」（昭和45年，通称「ビル管理法」）で人の健康を守るため環境衛生上の必要な事項が定められており，その中で浮遊粉塵は 0.15mg/㎡以下とされています。この基準を達成している事務所は多くなく，基準達成のために東京都建築安全条例では，事務所の外気導入量は 25〜30 ㎡/(h・人) と多めに設定されています。

　フィルムの保管場所にとって，外気を多く導入することは保存条件を守る上で不利です。常時人の立ち入る場所とフィルムの保管場所は区画して，人の立ち入る場所には必要な換気量を確保し，フィルムの保管場所ではフィルムのために換気条件を変えられるようにするのが効率のよい収納方法です。

　保管場所に入る前の区画には靴裏の土壌粉塵を取り除くための粘着シートを敷き，外靴から内履きやスリッパに履き替えましょう。保管場所は定期的に清掃・除塵し，衛生的な環境を作りましょう。塵埃除去用の空気清浄機を追加設置することは有効ですが，床にたまった粉塵等を巻き上げることのないように，設置場所には注意しましょう。壁の高い位置に据え付けるのが，空気清浄には最も有効です。

　新たにフィルムを収納する前には，まず点検し，必要があれば収納容器を除塵しましょう。ビニールなどで区画を設

け，その中に空気清浄機を設置する，あるいは掃除機で気流を作った状況で，表面の塵埃を払いましょう。これらの作業をする場合，必ず手袋，マスクをしましょう。作業中に使用したマスクや手袋などは，一度限りの使用が望ましいのですが，繰り返し使用する場合は，洗濯したのち十分に紫外線にあてて殺菌消毒するとよいでしょう。拭き取りに用いた布等は，拭き取り除去したカビで汚れているので，厚手のポリエチレン袋を二重にした袋に入れしっかり口を絞め，すみやかに焼却しましょう。滅菌のためのオートクレーブ処理ができる事業所等に処理を依頼するのが最善です。

人間の手からも代謝物が出ていて，これが栄養源となり，人が触った場所にカビの発生が多く見られます。フィルムを触る前後には，手洗いをしましょう。できれば，なめらかな毛羽立ちのない薄手の綿手袋を使うとよいでしょう。利用者に開架でフィルムを扱わせる場合には，利用者の持ち込む栄養源を少しでも減らせるよう，どのようなものが栄養になるのか，カビについての理解を促す貼り紙なども使いましょう。

一日の温度変化が最も大きい場所では，温度降下時に一時的に高湿度になり，場合によっては結露を起こし，カビ被害を受けやすくなります。また外気の流入する場所も，制御が難しく，カビ被害を受けやすい場所です。階段で上下階につながっている保管庫が多く見受けられますが，湿気も粉塵も下にたまります。階段室が別区画になっている場合は扉を開け放したままにしない，階段室が区画されていない場合は下の階の階段の近傍にはサーキュレータ（送風機，扇風機など）を設置して，湿気だまりを解消しましょう。

カビ被害への対処では，早期発見が重要です。カビを見つ

けたら他の資料に伝染しないようにできる限り早く隔離し，処置の方法を検討します。

　高湿度の空間では繁殖しているカビの種類は湿性菌で，胞子を多量に空気中に飛ばさない場合もあるので，資料点検をしないと発見できません。照射方向に指向性のあるペンライトで，高輝度のもの，光色は白色より昼光色，UV域で発光するLEDチップを使っているものが，カビ発見には最も適しています。菌糸が立ち上がっている状態のカビを探すので，ペンライトは斜めからあてて，立体的に見えるように工夫します。

　生えているカビが元気よく増えている途中か，眠っているあるいは死んでいるかは，まずは目でよく見て，臭いを嗅いで判断します。透明で艶がよくきれいに円形に育っている状態は，活性の高い状態です。黄褐色になる，不整形である，立ち上がりが悪いなどの場合は，活性があまり高くないかもしれません。カビが生えるとカビを餌にするチャタテムシ類が増えます。1mmにも満たないような小さな虫ですが，高湿度指標昆虫として覚えておくとよいでしょう。

　カビが発生したら，被害の広がりや程度を把握します。保管場所の大きさにもよりますが，3分の1ほどの棚で被害が見られる場合には，施設で対応が可能な場合，空間のガス燻蒸も検討します。ガス燻蒸剤は公益財団法人文化財虫菌害研究所の認定薬剤を，推奨条件で使用してください。カビが生えたフィルムをガス燻蒸すると，ガス燻蒸剤が画像を傷めることはありませんが，ゼラチンとガス燻蒸剤が化学反応を起こしてメチルメルカプタンが生じ，フィルムに異臭が生じます。カビが生えない環境で保管するようにしましょう。

カビ被害の点数が少ない場合には、すぐに資料を隔離します。カビが生えてしまった資料を処理するまで保管するため、一時的に低酸素処理パッケージの中で保管することは、カビの一層の繁殖と周囲へのカビの拡大を防ぐという点で有益な手段ですから、対処法の一つとして知っておくとよいでしょう。文化財が虫害にあった場合に用いる水分中立型の低酸素剤（RP-Kタイプ、三菱ガス化学製）を、乾燥剤・吸着剤と一緒に封入します。ゼラチン層の剥離を起こさないようにフィルム用の乾燥剤を使います。埋蔵文化財の発掘で鉄器などの資料を取り上げて封入する際に用いられる、酸素・水分・腐食性ガスを吸収する金属系遺物の保存剤（RP-Aタイプ、三菱ガス化学製）は、フィルムから水分を奪い、ゼラチン層の剥離を招くので使わないでください。カビが生えていて、かつビネガーシンドロームを起こしているフィルムを一時的に隔離するには、酢酸を吸着するガス吸着剤などと一緒に封入するとよいでしょう。ガス吸着剤が吸着できる酢酸の量は商品によって異なりますので、A-Dストリップ（☞Ⅲ部2.4(3)）などで試験しながら交換してください。

　一度カビが発生した場所は、カビの死骸が栄養物として残ります。書籍や資料では表面をクリーニングしてカビの死骸を取り除くことができますが、フィルムは表面をクリーニングできないので、カビが生える原因を解明して保存環境をよりよい状態になるよう整備しないと、またカビが発生します。カビが発生するような高湿度ではフィルムの劣化速度は大きくなります。乾燥すると自然発火するNCベースのフィルムは別保管にし、カビが生えないよう、原則として、フィルム保管庫は除湿しましょう。

2.3 空気清浄と酢酸対策

(1) 空気清浄

保管場所の空気には,粒子状あるいは繊維状の粉塵と化学物質が含まれています。外気から侵入するほか,利用者から発生,あるいは内装壁,棚,床,建物の維持管理資材,フィルムそのものから,さまざまな化学物質が発生します。

外気から保管場所に侵入する屋外由来の窒素酸化物などの大気汚染物質,火山ガスに含まれる硫化水素や二酸化硫黄は,銀塩で画像を形成するタイプのフィルムでは,マイクロスコピックブレミッシュ(☞Ⅱ部1.1(4))の形成などを加速させ,画像の損傷が起こります。窒素酸化物(NO_2)に対する最低毒性発現量(Lowest Observed Adverse Effect Level: LOAED)を表にまとめました[28]。人の健康影響から定められた長期のNO_2の室内基準はWHOで$40\mu g/m^3$(マイクログラム毎立方メートル),日本の大気の環境基準で0.06ppm($110\mu g/m^3$,22℃として)と高く,外気からNO_2を除去しないで取り込むと,銀塩画像が劣化するおそれがあります。

表11 窒素酸化物NO_2に対するLOAED[28]

	試験環境	試験期間	LOAED $\mu g/m^3 \cdot$年
TAC/銀塩像	50% RH,常温	20時間	2000
黄色/動画撮影用カラーネガフィルム	80% RH,70℃	5週間	20
黄色/動画撮影用カラーポジフィルム	80% RH,70℃	5週間	90

ニトロセルロースをベースとするフィルムでは、ベースの分解で窒素酸化物が発生するので、銀塩タイプのフィルムと同じ場所で保管するのは可能であればやめましょう。NCベースのフィルムで画像が銀塩、という構成の場合、ベースから放散する窒素酸化物が容器内にたまることがないよう、巻き芯（リール）や包材などに通気性のある素材を使用し、できる限り早く窒素酸化物濃度が下がるように注意しましょう。

　硫黄酸化物（SO_2）に対してLOAEDがわかっている試験例は一例であり、アゾ－ナフトール（シアン）に対し72時間試験でLOAEDは90μg/m³·年と見積もられています[28]。硫化水素についてはLOAEDの報告例はありません[28]。

　強酸化剤であるオゾンは染料インクに対して顕著な影響が認められます。

表12　オゾンO_3に対するLOAED[28]

	試験環境	試験期間	LOAED μg/m³·年
黄色/分散染料インク	50% RH, 30℃	5週間	30
黄色/動画撮影用カラーネガフィルム	50% RH, 30℃	5週間	300
黄色/動画撮影用カラーポジフィルム	50% RH, 30℃	5週間	400

　内装壁、棚、床から放散する化学物質の主なものは、アンモニア、ギ酸、酢酸、ホルムアルデヒドやアセトアルデヒド、硫黄を含む化合物です。建物の維持管理資材として床用ワッ

クスもフィルムに影響があるので、使用には注意が必要です。

アンモニアは弱アルカリ性で、人体からのほか、微生物の繁殖、コンクリートやモルタル、水性ペイントから発生します。硬化から2年以内のコンクリートからはアンモニアが夏季に多量に発生し、建物内をアルカリ性にします。そのため油絵のようにアルカリ性で変色や画像が溶解するなど影響を受ける資料を収蔵する美術館などでは、二夏を超えるまでは通風換気や除湿などの「枯らし」と呼ばれる作業を行い、アルカリ性物質の濃度を下げてから資料を収蔵します。TACは弱アルカリの影響はわずかですが、強アルカリでは膨張するとされています。室内で強アルカリ性を示すものの代表がコンクリートやモルタルです。コンクリート粉塵が空気中に散ってTACフィルムに付着すると劣化して膨張するおそれがありますので、新築の間は収納を控えましょう。PET樹脂はTAC樹脂に比べて耐酸性があるものの、耐アルカリ性が弱いので、同じく新築のコンクリート造の建物内では、繰り返し清掃して、強アルカリ性のコンクリート粉塵が空気中で検出されない状況になってから収納するのがよいでしょう。

ギ酸や酢酸はベニヤ板・木材・接着剤から発生します。また微生物の繁殖で代謝物としても放散されます。ギ酸は強酸、酢酸は弱酸で、酸の強さが異なります。健全なTACは弱酸の影響はわずかですが強酸で分解するので、相対湿度の高い状態ではゼラチン内の自由水に、保管場所の空気を汚染している窒素酸化物やギ酸などあらゆる酸が無制限に溶解し、ビネガーシンドロームを誘発していくのでしょう。プラスチックに一般的に添加されているフタル酸エステルが分解して、強酸のフタル酸がフィルム内に生成している可能性を指摘した

報告もあります[42]。木材は断熱性があり，結露しない多孔質材料として魅力的な材料ですが，新しい木材は多量のギ酸・酢酸を放散するので，気密性のよい，濃度が高くなるような条件，たとえば木製引き出しはフィルム保管には適していません。

アンモニア，ギ酸・酢酸の画像に対しての影響について，写真フィルムの曝露試験の報告はありませんが，分散染料インクの赤色（マゼンタ）が褪色することが実験的にわかっています。

ホルムアルデヒドやアセトアルデヒドについて，写真材料に対してLOAEDはわかっていませんが[28]，分散染料インクの青色（シアン）が褪色することが実験的にわかっています。ホルムアルデヒドは，アルカリ性環境下ですみやかに酸化され，強酸のギ酸に変化しますので，フィルムの保管環境の清浄化のために，ホルムアルデヒド放散源を室内に持ち込まないことが重要です。ホルムアルデヒドは合板に多く含まれています。平成15年7月1日に施行された改正建築基準法は，シックハウス対策のため，居室のように人の立ち入る場所に対して一律に換気設備設置を義務づけたものでした。

カーペットゴムなどから硫黄が遊離し，銀塩画像と反応するおそれがありますが，フィルムの銀塩画像に対するLOAEDはわかっていません[28]。

建物の維持管理資材として床用ワックスやそのリムーバーがありますが，pH調整剤としてアンモニアと酢酸を添加していますので，塗布直後に多量のアンモニア，酢酸を気中に放散します。フィルムの保管場所では使用しないでください。

空気の汚れは測定しないとわかりません。しかし，車社会

の今日,窒素酸化物の室内への侵入は避けられません。表13に各種吸着剤・添着剤による酢酸,窒素酸化物の吸着能力を比較してまとめました。添着剤とは,吸着速度を上げるために吸着剤に染み込ませる薬剤のことです。炭酸カリウム,水酸化カリウムは強アルカリ性,炭酸水素ナトリウムは弱アルカリ性,過マンガン酸カリウムは酸化性の化学物質です。添着剤は表面に結晶化して付着していることが多く,手荒く扱うと不織紙のすきまからこぼれることがありますので,添着剤入りの吸着剤を使用する場合には,フィルムに直接触れることのないように設置場所に気をつけましょう。

　窒素酸化物はセルロースへの吸着性がよく,フィルム包材に中性紙箱を使えば除去できます。内装木材からの酢酸放散が心配であれば,フィルム包材には中性紙箱をお勧めします。フィルムの近傍に設置する場合,添着剤のない活性炭やモレキュラーシーブを使いましょう。

表13　吸着剤・添着剤による吸着能力の違い

吸着剤	添着剤	対酢酸	対窒素酸化物
活性炭	なし	中等	弱い
	炭酸カリウム	良好	良好
	水酸化カリウム	良好	良好
活性アルミナ	過マンガン酸カリウム	良好	中等
	炭酸水素ナトリウム	良好	良好
モレキュラーシーブ（ゼオライト）	なし	中等	弱い
シリカゲル	なし	弱い	弱い

(2) TACフィルムから放散される酢酸への対策

　TACフィルムは酢酸の放散源にもなり得ます。CDやDVDなど大容量の記録媒体は層状構造をもち，端部からの汚染ガス侵入が起こりやすく情報が読めなくなるので，ビネガーシンドロームを起こしたTACフィルムと同じ空間に収蔵しないことを強く推奨します。他の材料への影響としては，日本画の緑青（緑色）が水溶性の青色に変化したり，鉛丹（赤色）の黒変，金属の錆の誘発，などがあります。特に銅との反応が早く起こり，真鍮製の部品が錆びて送風機や空調機が稼働しなくなるなど，機器設備にとっては迷惑な汚染源です。

　TACベースの劣化は，24℃・相対湿度50％では密閉状態で約30年，30℃・相対湿度50％では約15〜20年，35℃・相対湿度70％では約6〜7年で始まるといわれています。温度と劣化開始までの年数についての相関があり，酸性条件下での加水分解反応によってTACフィルムの劣化が始まることがわかります（☞Ⅱ部1.1図28）。

　ビネガーシンドロームの始まったTACフィルムは，その他のフィルムのゼラチン層に酢酸が溶け込み，加速的に劣化を広めるので，別区画に収蔵すべきです。

　どうしても別置する場所がない場合には，ビネガーシンドロームを起こしたTACフィルムを酢酸吸着シートや酢酸を吸着可能な特殊な袋で覆う，あるいは酢酸除去剤とともに密閉空間で保管するなどの方法もあります。しかしTACフィルムから放散される酢酸量は多いので（☞Ⅱ部1.1表6），すぐに吸着剤がいっぱいになり，それ以上の酢酸を処理できなくなるため，フィルム保管場所の濃度を定期的に確認し，酢酸除去剤などを入れ替えるのを忘れないよう注意が必要です。

保管場所の酢酸濃度を測定するには，いくつかの方法があります。

　ビネガーシンドロームが始まっているかどうかを調べるものとして A-D ストリップがあります。アメリカの IPI が開発したもので，ブロモクレゾールグリーンという青色の染料をしみこませた紙片です。フィルムが入った容器や引き出しの中に 1 日入れ，色の変化を附属のカラーチャート（鉛筆）と比較して，劣化のレベルがわかります（☞Ⅲ部 2.4(3)）。

　人間が酢酸臭を検知できるような高濃度の空間は，およそ 1ppm 以上の濃度なので，ハンドポンプ式の検知管で測定できます（☞Ⅲ部 2.3(3)）。より低い濃度では，博物館・美術館用の北川式ガス検知管（専用ポンプが必要，0〜400 μg/㎥）を利用して，気中濃度を監視します。引き出しのように，ポンプで測定できない場所は，パッシブインジケータ（設置期間と変色の程度でおおよその濃度を把握，検知可能限度：数百 μg/㎥）で評価します（☞Ⅲ部 2.3(2)）。

図36　微量の酢酸を測定するための専用ポンプと検知管

これまで，ビネガーシンドロームの始まった古いフィルムは開放系で保存することが推奨されてきました[35]。そのため保管場所内の酢酸濃度が上昇します。酢酸はSDSによると，皮膚腐食性・刺激性は区分1A，目の損傷は区分1，呼吸器感作性は区分1と高濃度では問題を起こす物質で，労働安全衛生法では名称を通知すべき有害物に分類されています。許容濃度は，日本産業衛生学会（2013）では10ppm[30]，ACGIH（2010）ではTLV-TWA 10ppm，TLV-STEL 15ppmです。開放処置では室内作業者の健康への影響の観点から，新鮮外気の導入，換気が行われてきました。一方，外気の温湿度の平年値を見ると，年平均湿度が日本では高く，フィルムの保管条件からかけ離れていることがわかります（表14）。外気取り入れ量は少ないほど温湿度の安定に有利なのです。

　換気設備は室内空気を室外からの空気と全交換する方法で，低温・低湿を達成したいフィルム保管場所では効率の悪い方法です。外気と全交換せずに，導入する外気量は最小量にして，還気を酢酸吸着フィルターを通して脱酢酸して保管場所に戻すようにするのが最善の方法です。床置きの空気清浄機に酢酸吸着フィルターを装着して，室内大気に揮発した酢酸ガスを濾し取るよりも，発生源を除湿剤，ガス吸着剤とともに隔離するのが最も効率的です[43]。

　ビネガーシンドロームを発症したTACフィルムが多い場合には専用の区画された保管場所を，少量の場合には40～50％RH以下に除湿可能な防湿庫（ドライキャビネット）などを利用して，酢酸除去剤を同じ空間に設置して保管するのがよいでしょう。保管用キャビネットには，金属製・木製・プラスチック製などがあります。金属製キャビネットを設置す

表14　各地の平年値（1981～2010年の平均値）[44]

上段：温度℃　　下段：相対湿度 % RH

	札幌	仙台	東京	新潟	京都	広島	高知	福岡	那覇
1月	-3.6 70	1.6 66	6.1 49	2.8 72	4.6 66	5.2 68	6.3 60	6.6 63	17.0 67
2月	-3.1 69	2.0 64	6.5 50	2.9 71	5.1 65	6.0 67	7.5 59	7.4 63	17.1 70
3月	0.6 66	4.9 62	9.4 55	5.8 67	8.4 62	9.1 64	10.8 62	10.4 65	18.9 73
4月	7.1 62	10.3 64	14.6 60	11.5 65	14.2 59	14.7 63	15.6 64	15.1 65	21.4 76
5月	12.4 66	15.0 71	18.9 65	16.5 69	19.0 62	19.3 66	19.7 70	19.4 68	24.0 79
6月	16.7 72	18.5 80	22.1 72	20.7 74	23.0 67	23.0 72	22.9 77	23.0 74	26.8 83
7月	20.5 76	22.2 83	25.8 73	24.5 77	26.8 70	27.1 74	26.7 78	27.2 75	28.9 78
8月	22.3 75	24.2 81	27.4 71	26.6 73	28.2 66	28.2 71	27.5 75	28.1 72	28.7 78
9月	18.1 71	20.7 78	23.8 71	22.5 73	24.1 68	24.4 70	24.7 73	24.4 73	27.6 76
10月	11.8 67	15.2 72	18.5 66	16.4 71	17.8 68	18.3 68	19.3 68	19.2 67	25.2 71
11月	4.9 67	9.4 68	13.3 59	10.5 71	12.1 68	12.5 69	13.8 67	13.8 67	22.1 69
12月	-0.9 69	4.5 66	8.7 52	5.6 72	7.0 68	7.5 69	8.5 63	8.9 64	18.7 66
年平均	8.9 69	12.4 71	16.3 62	13.9 71	15.9 66	16.3 68	17.0 68	17.0 68	23.1 74

る場合，周囲の温度の変動が大きいと除湿能力が追い付かない場合もあるので注意しましょう。木材内装のあるキャビ

ネットはフィルムの保管には不適です。本体がプラスチックであったり，近傍にプラスチックの棚板などがある場合には，プラスチックの種類によっては酢酸への耐薬品性が弱くプラスチックが溶ける事例がありますので，中性紙板段ボールなどを棚板に載せて用いるとよいでしょう。

より効率的にTACフィルムの劣化を遅くする方法を，以下にまとめます。

① 建物内の低温で断熱補強しやすい場所にTACフィルム保管場所を区画化（ゾーニング）して設置する。
② 外気取り入れは最小限にする。
③ TACフィルム保管庫の気密性をあげて除湿を徹底する。
④ 酢酸吸着剤を利用し，酢酸の気中濃度を監視しながら適切に更新する。
⑤ 空間から酢酸除去するより，放散源の近くに吸着剤を置き除去する。
⑥ 多量のTACフィルムの保存はフィルム保管庫を作って空間を制御する。少量の資料の保存は，閉じ込めて小さな空間を処置する方が経済的。

これまでの保存環境の履歴がTACフィルムの劣化に反映されます。残したいと思い，経費，エネルギーと人力をつぎこんだフィルムしか残らないのです。

（佐野千絵）

第 部

現状と課題

1章 日本の図書館における マイクロフィルムの保存の現状

1.1 公的統計からみたマイクロフィルムの現状

　図書館に関する公的統計には，日本図書館協会の図書館調査（公表名『日本の図書館：統計と名簿』）と文部科学省の学術情報基盤実態調査（平成16年度以前は大学図書館実態調査）[45]があります。このうち学術情報基盤実態調査は，統計報告調整法第3条に基づく承認統計であって，この中に大学図書館におけるロールフィルム（統計項目としてはマイクロフィルム），マイクロフィッシュに関する所蔵統計の項目が含まれています。

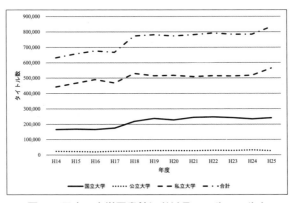

図37　日本の大学図書館におけるロールフィルム所蔵タイトル数の変遷

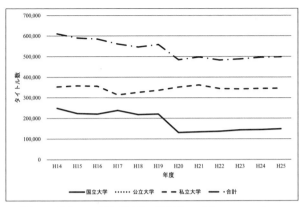

図38 日本の大学図書館におけるマイクロフィッシュ所蔵タイトル数の変遷

図37・38の折れ線グラフは，この統計データを基に，過去12年分の所蔵タイトル数の変遷を示したものです。

これを見ると，ロールフィルムについては，全体的にほぼ横ばいから微増，マイクロフィッシュについては，国立大学図書館で平成20年度に大幅にタイトル数が減ったため，私立大学図書館は横ばいにもかかわらず，全体として一旦，減少し，現在は再び横ばいの状況であることがわかります。国立大学図書館のマイクロフィッシュの激減を詳しく見ると，8学部以上の規模をもつ大規模大学で，その数が半減しています（平成19年度：181,551タイトル→平成20年度：91,834タイトル）。何らかの理由で，この時期に大規模国立大学図書館でマイクロフィッシュの廃棄が断行されたと推察されます。

ただし，数値の単位はタイトル数のため，ここから大学図書館が所蔵する物理的なマイクロフィルムの数量は導き出せません。一方で，デジタル資料が全盛の現在でさえ，全国の

大学図書館にはロールフィルムとマイクロフィッシュを合わせて約 130 万タイトルもあり、今もわずかながら増加していることに驚かされます。

また、同報告の視聴覚機器保有台数の項目からは、大学図書館におけるマイクロ・リーダーの保有状況がわかります。平成 14 年度には国公私立大学図書館に総計 1,136 台あった閲覧用マイクロ・リーダーは、10 年後の平成 24 年度の調査では 916 台となり、1 割ほど減少しています。

これらの統計データからは、大学図書館で今後マイクロフィルムの数量が激増することはあまり想定できないこと、マイクロフィッシュなど非保存用フィルムの廃棄が進む可能性もあること、マイクロ閲覧サービスの体制が縮小傾向にあることなどがわかります。一方で、130 万タイトルというこれまでに蓄積された数量からは、図書館にとってマイクロフィルム類が、依然として所蔵資料中に一定の割合を占めている現実も浮かび上がってくるのです。

一方の図書館調査では、公共図書館に関する統計項目(「公共図書館におけるその他のデータ」)の中に「マイクロ」の所蔵数のデータが含まれます。この統計項目は隔年集計でしたが、残念ながら 2009 年で廃止されました。最終の 2009 年版では、都道府県立図書館で 329,493 点、市区町村立図書館で 275,554 点の「マイクロ」が所蔵されていることになっています[46]。

ただし、ここではロール、フィッシュの区別なく一括で「マイクロ」とされ、数量の単位についても、調査要項には「それぞれの点数を記入する」とあるだけで、各図書館がどのような種類・単位を基準に点数と見なしているのか定かではありません。さらに、都道府県立図書館の約 25%（16 館）、市

区町村立図書館の約92.5％（2,879館）が無回答であることから，この統計の数値をもって日本の公共図書館におけるマイクロフィルムの現状と言い切ることは躊躇されるのです。

1.2 訪問調査からみたマイクロフィルムの現状

(1) 調査の前提

　図書館に関する調査・研究を行う上で，基盤情報となるべき図書館統計の果たす役割は大きいものがあります[47]。しかし，前述のように，公的な統計データから得られるマイクロフィルムに関する情報はわずかです。そこで，私たちの研究班（文化資産としてのマイクロフィルム保存に関する基礎研究班）では，こういった数値からだけではわからないマイクロフィルム管理の実際を知るために，2012年5月末から9月末までの間に手分けして19機関を訪問し，マイクロフィルムの収集・保存・利用の現状に関する聞き取り調査と保存設備の実見調査を実施しました（訪問調査）[48]。

　地域別では首都圏が11，北陸地区が4，沖縄地区が4，館種別では国立大学図書館が11，私立大学図書館が3，公立図書館が1，博物館・美術館が2，大学資料館が1，公文書館が1，地方自治体が1となっています。

　調査地域に首都圏，北陸地区，沖縄地区の3カ所を選んだのは，次のような理由です。首都圏は，創立の古い大学が多いことから，マイクロフィルムを一定数所蔵するとことが見込まれ，北陸地区と沖縄地区は，いずれの地域も自然条件がフィルムの保存環境としては厳しいと考えられるからです。北陸は多雨多湿で気温の日較差・年較差も大きい上，冬の降

雪量も多く，沖縄は亜熱帯気候に属し，年中高温・高湿ですから，国内ではフィルム保存のための自然条件が最も厳しいと考えられます。このことは，前掲表14（☞Ⅱ部2.3(2)）に示す新潟と那覇のデータからも理解できるでしょう。

表15　訪問調査からみたマイクロフィルム保存の実態

館	① フィルムの受入・管理状況				② フィルムの劣化状況					
	数量管理の単位		マイクロ化	購入	ベース劣化		画像劣化		他への影響	
	ロール	フィッシュ			酢酸臭	湾曲	フェロ化	ブレミッシュ	銀鏡化	設備・備品
A	×	×		地方新聞	○			○	○	
B	本数	枚数		定期購入	○					
C	本数	タイトル								
D	本数	タイトル		海外製品	○		○			○
E	本数	タイトル		稀	○				○	
F	本数	箱	○	公募購入	○					
G	×	×		ほぼ無し	○	○			○	○
H	本数	枚数			○	○				○
I	本数	枚数		海外製品	○					
J	本数	×		少数	○					
K	本数	枚数	○	ほぼ無し	○	○			○	○
L	本数	箱	△	ほぼ無し	○					
M	本数	枚数		無し	○					
N	本数	箱			○				○	

館	③ 主な劣化対策					④ 利用の状況	
	調査	巻直	乾燥剤	空気清浄機	その他	利用概況	利用管理 OPAC
A							○
B		○				月1回	○
C	委託				ベース構成		○
D	自前					1日2件	×
E	自前			○		週2件	○
F							○
G						ほぼ無し	○
H	委託				手袋		○
I	委託			○		月5〜6人	○
J				○	世代管理		○
K	自前					毎日利用あり	×
L	委託	○	○			1日数件	○
M	確認					月数回	○
N							○

館	⑤ 保存施設・設備の状況										
	空調管理	設定温湿度		保存庫位置		保存庫区画状況				排架方式		
	稼働時間	℃	%RH	地下	地上	独立	非独立	専有	非専有	自動	書架	キャビネット
A	24時間	28	60									○
B	開館中				○						○	
C	24時間	18	45		○	○		○			○	○
D	24時間	23	40		○	○		○			○	○
E	24時間	20-25	40-50		○	○					○	
F	24時間	20-22	55	○				○		○	○	
G	適宜	28-30	67		○				○		○	○
H	開館中	28	52-80		○	○			○		○	○
I	24時間	20	40		○	○		○			○	○
J	24時間	20	60		○	○		○			○	○
K	無				○			○				○
L	24時間		68-75	○							○	
M	24時間	13	55		○	○					○	○
N	開館中	26-27	36-44		○	○					○	○

訪問調査した機関の館種は7種類に及びますが、以下には総数の7割にあたる図書館（14機関）の分析結果を中心に述べます。

　調査に際しては、あらかじめ想定問答を用意して臨みましたが、時間による制約や図書館ごとの固有の問題に議論が費やされることもあり、すべての機関に同じ質問・調査ができたわけではありません。ここでは、調査で得られたデータの中から表15にまとめた、①フィルムの受入・管理状況、②フィルムの劣化状況、③主な劣化対策、④利用の状況、⑤保存施設・設備の状況の5つに絞って現状を分析してみましょう。

(2) フィルムの受入・管理状況

　フィルムの物理的数量をまったく把握できていないのは2館で、把握できている12館も、ロールフィルムとマイクロフィッシュでは把握方法が異なる場合がありました。ロールフィルムは物理単位（本数）で管理しやすいのですが、マイクロフィッシュは所蔵枚数が多い図書館ほど、物理単位（枚数）ではなく、タイトルや保存箱などを単位とした管理となっているようです。

　マイクロフィルムの受入については、自前で継続的に作製している機関が2館ありました。△印のL図書館は、数年前からデジタル化に切り替えたとのことです。一方、マイクロフィルムの購入については、現在も購入を継続していると回答したのは4館で（うち2館は海外製品のみを継続購入）、限定的な少量の購入にとどまっていることがうかがえます。ただし、マイクロフィルムの作製・購入・継続の可否は多分に資金的な理由による部分も大きく、図書館が意識的にこれら

を断念しているとは言い切れないようです。

(3) フィルムの劣化状況

酢酸臭はすべての図書館で感じられましたが,体感濃度にはかなり差があり,空調が設けられていなかったり,稼働が密でない図書館ほど臭気が強く感じられました。

複数の図書館で検知管により保存庫内の酢酸濃度を測定したところ,高いところでは 10ppm を検知しました。

フィルムベースの湾曲はビネガーシンドローム末期の典型的な症状です (☞Ⅱ部 1.1(3))。これが見られた図書館は空調を 24 時間稼働しておらず,TAC ベースの劣化と空調の稼働時間との間に相関関係があることをうかがわせる結果となりました。

フェロ化は PET ベースの異常現象であり,水分によりフィルムの貼り付きが起きるものです (☞Ⅱ部 1.1(5))。今回の調査ではこれが複数の図書館で見られました。フェロ化はこれまでに,東京大学経済学図書館での発生が報告されているにすぎません[33),34)]。しかし,この訪問調査からは,今後この事象を特殊な事例ではなく,普遍的な異常現象として把握する必要があることが明らかとなりました。

一般に画像の劣化については,マイクロスコピックブレミッシュ(ブレミッシュ)が強調されています。しかし,表 15 からは,ブレミッシュよりも銀鏡化の方が圧倒的に多く見られることがわかります。銀鏡化に対する注意喚起がフィルム保存機関に対して今以上になされるべきでしょう (☞Ⅱ部 1.1(4),Ⅲ部 1.3(8))。

⑷ 主な劣化対策

　劣化対策について，状態調査を実施した経験のある図書館が7館，簡単な確認レベルのものが1館ありました。後者の図書館では，この確認に基づいて環境改善や劣化の進行したフィルムの廃棄を行ったそうです。ここから，調査の本質（☞Ⅲ部2）さえとらえていれば，専門業者に任せずとも一定の対策を講じられることがわかります。

　具体的な対策としては，フィルムの巻き直しや乾燥剤交換を定期的に実施している機関が2館ありました。巻き直しは，フィルムを乾燥した部屋でゆっくり巻き取って乾燥させ，溜まった酢酸を放散する作業です（☞Ⅱ部1.2⑶）。しかし，通常の閲覧室内でリーダープリンターにより機械的に巻き取るという誤った巻き直しをしている図書館もありました。

　酢酸を吸着する空気清浄機を設置している図書館は3館ありました。空気清浄機は，内部の吸着剤が飽和状態となる（破過する）と効果がなくなります。今回の調査でも破過に気づかず使い続けている事例が見受けられました。

　他方，フィルムベースの構成や，フィルムの世代管理を徹底している図書館もありました。これは，図書館がマイクロフィルムを重要な保存資料を位置づけていることを裏づける証左の一つといえるでしょう。また利用者に綿の手袋を着用させている図書館もありました。人間の汗は画像を劣化させる一要因なので（☞Ⅱ部1.2⑷），細かなことに思えますが，こういったことの積み重ねが長期保存に影響を与えるのです。

⑸ 利用の状況

　専門的な資料を所蔵する図書館では，ほぼ毎日のようにマ

イクロフィルムの利用があります。しかし，大多数の図書館では，月数人の利用というのが実情のようです。内容的には新聞のマイクロ利用が最も多く，利用者は固定的で偏る傾向があるといえます。

ほとんどの図書館では，マイクロフィルムの書誌・所蔵情報について OPAC への入力も行っています。しかし，すべてのマイクロ資料が入力されているのはわずかであり，カード目録や冊子体目録等との併用が続いています。この状況から考えると，マイクロフィルムの利用者が少ないのは，OPAC に慣れた利用者が，わざわざカード目録や冊子体目録を検索してまでマイクロフィルムを探さないことにも一因があるのではないでしょうか。

Ⅰ部 2.3(4)で述べているように，マイクロフィルムが OPAC 入力されても，集成されたコレクションなどは，リールの内容が書誌記述の上に現れず，冊子目録との併用が不可避です。一方で，マイクロフィルムの遡及入力をほぼ終えている東京大学経済学図書館では，マイクロフィルムの利用率はかなり高くなっています。このため，内容細目の問題はあっても，やはり OPAC で検索できるということは，利用率の向上に寄与していると考えられます。これらからすれば，マイクロフィルムの利用者が少ないということから短絡的に，マイクロフィルムが前時代の記録媒体だと結論づけてはならないことがわかります。

(6) 保存施設・設備の状況

保存施設・設備の状況について，24 時間空調を稼働させている図書館は約半数の 9 館でした。空調とは空気調節の略

語ですから，本来は温湿度から空気の流れや清浄度など，室内の空気環境全般の調整を指す言葉です。しかし，図書館では，空調といえば冷暖房の稼働，つまり温度調整のことと誤認しているようです。実際に，突き詰めて聞くと「24時間空調稼働」というのは「24時間冷房稼働」（図書館によっては夏場のみ）のことで，除湿器がなかったり，稼働していても設定を誤っていたりという事例もまま見られました。

　表15の「設定温湿度」の欄については，設定値を把握していない（できない）図書館もあり，その場合は調査当日に私たちが測定した値を参考として太字で記してあります。概ね20℃前後に設定している図書館が多かったのですが，東日本大震災に伴う節電の影響から，28℃前後にせざるを得ない機関もありました。一方，湿度管理はいずれの図書館にとっても悩みの種となっており，40% RH以下に抑えられている図書館が少ないのは非常に憂慮すべきことです。

　次に保存庫の設置場所について見てみましょう。フィルム保存庫は，地上かつ独立した区画で専有であることが望ましいのですが，これを満たしているのは，わずか5館でした。非専有の場合は，他の図書資料の収蔵場所や作業場所との共用でした。繰り返し述べているように，ビネガーシンドロームによる酢酸の影響は設備・備品にまで及ぶため，他の図書資料や人体への影響が懸念されます。

　私たちの研究班では，この訪問調査で得たデータに基づいてさらに研究を深めるべく，全国的な質問紙調査を実施しました。次節以降では，この結果について解説します。

（小島浩之）

1.3 質問紙調査からみたマイクロフィルムの現状

(1) 質問紙調査の概要

本節と次節では,私たちの研究班が2012年度に行った質問紙調査の結果に基づき,日本の図書館におけるマイクロフィルム資料の所蔵や保管状況の現状について,特に関心が高いと思われることを中心に簡潔にまとめます。詳しい調査結果については,別途論文としてまとめてありますので[49],そちらを参照してください。

質問紙調査は,4年制以上の国公私立大学および大学院大学の全図書館(以下,「大学図書館」)1,378館,都道府県立図書館の全58館,国立国会図書館1館の合計1,437館を対象に実施しました。対象館は,『日本の図書館2009』[46]に掲載されている図書館に,2010年以降に開学した大学図書館を追加し,閉館・閉室した図書館と質問紙の不達館を除いたもので,該当する館種についての悉皆調査となっています。

日本の図書館にどのくらいの量のマイクロ資料が所蔵されているのかを正確に把握できる資料や統計は,現時点では存在しません。こうしたなか,大学図書館が所蔵するマイクロフィルムとマイクロフィッシュのタイトル数は,文部科学省が毎年行っている学術情報基盤実態調査結果報告[45]から知ることができます(☞Ⅲ部1.1)。平成25年度の調査によれば,大学図書館にはロールフィルムが833,330タイトル(1大学あたり1,077タイトル),マイクロフィッシュが498,152タイトル(1大学あたり644タイトル)という結果が出ています[50]。しかし,この報告ではどのくらいの図書館がマイクロ資料を所蔵しているのかということや,物理的に何本あるいは何枚ある

のかといったことはわかりません。

　公共図書館については、Ⅲ部1.1で述べたように、『日本の図書館』に、2009年まで隔年で公共図書館のマイクロ資料数が掲載されています。しかし、この調査は単位である点数の定義が不明であり、無回答の割合も多いものです。そこで、本調査では、マイクロ資料の所蔵の有無や所蔵数を確認するところから始め、日本の図書館の状況を総括的にとらえることを目指しました。

　質問は、全39問（枝番あり）で構成されています。質問事項は、選択肢を省略し、それに伴う表現の修正を施して次ページ以降に掲載してあります。前節で述べた訪問調査の結果や、質問紙を発送する前に4館に対して行った予備調査の結果を踏まえ、現状を把握する上で妥当であり、同時に図書館にとっても答えやすい設問となるよう留意しました。設問は、①図書館の館種、②マイクロ資料の所蔵状況、③マイクロ資料の運用、④マイクロ資料の保存管理、⑤フィルムの種類による取り扱いの区別、⑥フィルムの劣化、⑦その他のフィルム資料、の7つのカテゴリから構成されています。

　この質問紙の中では、「マイクロ資料」とは、ロールフィルム（以下「ロール」☞Ⅰ部1.2図2,図3）とマイクロフィッシュ（以下「フィッシュ」☞Ⅰ部1.2図4）の両方を含むこととしました。マイクロカードやアパチュアカード（☞Ⅰ部1.2図5）など、それ以外の形態のマイクロ資料については、設問36で所蔵状況をたずねました。また、入手経路は限定せず、各図書館で作製した資料、購入した資料、寄贈・寄託された資料など、すべてを回答の対象としました。

質問一覧（選択肢は省略）

【マイクロ資料の所蔵状況】

1. 貴館ではマイクロ資料を所蔵していますか

2(1). マイクロ資料の所蔵数（または概数）について教えてください

2(2). 本数や枚数，あるいはタイトル数やその他の単位数（例：300本，30枚，50タイトル，100タイトル900本，キャビネット1本）を教えてください。可能であればいつ現在の所蔵数か付記してください（例：平成20年度末）

3(1). カラーのマイクロ資料を所蔵していますか

3(2). カラーマイクロ資料の所蔵数（または概数）を教えてください。可能であればいつ現在の所蔵数か付記してください

4. 貴館の蔵書においてマイクロ資料はどの様な位置づけですか

5(1). 長期保存の手段としてのマイクロ化に関して，貴館の方針に近いものはどれですか

5(2). デジタル化は何年頃から採用していますか

6. マイクロ資料の所蔵情報を外部に公開していますか

7. マイクロ資料はどのようなツールで検索できますか（複数回答可）

8. 各種ツールで検索できるマイクロ資料のおよその割合または概数を教えてください

【マイクロ資料の運用】

9(1). マイクロ資料の担当者はいますか

9(2). 他業務との兼任，マイクロ資料専任，それぞれの人数を教えてください（例：他業務との兼任3名）

10(1). マイクロ資料の受入頻度はどのくらいですか

10(2). 受入頻度を具体的に教えてください（例：1年に1回程度，5～10年に2回，2011年度に300タイトル，過去5年間で10本など）

10(3). 受入のない場合，何年ほど前から受入がないのか教えてください

11. 現在マイクロ資料をどのように入手しているか教えてください（複数回答可）

12. マイクロ資料の出納方式を教えてください（複数回答可）	
13. 利用者に対しマイクロ資料をどのように提供していますか（複数回答可）	
14. マイクロ資料の利用頻度や人数（延べ数）はどのくらいですか（ILLによる複写依頼を除く）	
15. マイクロリーダはどこに置いてありますか（複数回答可）	
16. どのようなリーダを提供していますか（複数回答可）	
17(1). マイクロ資料の取り扱いの際に手袋をしていますか（複数回答可）	
17(2). 手袋の素材を教えてください	
【マイクロ資料の保存管理】	
18. マイクロ資料の保存場所はどこですか（複数回答可）	
19. マイクロ資料をどのように収納していますか（複数回答可）	
20. 保存場所の空調はどのように管理していますか（複数回答可）	
21(1). 保存場所の温度や湿度の設定はできますか（複数回答可）	
21(2). 設定温度・湿度を教えてください	
22. 保存場所の湿度管理のために使用しているものを全て選んでください（複数回答可）	
23(1). 温湿度のデータはどのように記録あるいは確認していますか（複数回答可）	
23(2). 記録の頻度を教えてください（例：1日に1回，1週間に1回など）	
24(1). フィルムを収納している容器はどのような材質ですか（複数回答可）	
24(2). 収納容器が紙の場合，紙の種類を教えてください（複数回答可）	
25(1). フィルムの帯はどのような材質ですか（複数回答可）	
25(2). 帯が紙の場合，紙の種類を教えてください（複数回答可）	
26. フィルムのリール（芯）の材質は何ですか（複数回答可）	

【フィルムの種類による取り扱いの区別】
27(1). ネガかポジかによって取り扱いを変えていますか
27(2). 取り扱いを変えている場合,具体的な取り扱いの区別を教えてください
28(1). マイクロフィルムの支持体(ベース)の素材による区別についてお答えください ※ TAC は酢酸セルロース,PET はポリエチレンテレフタレートが支持体です。
28(2). 素材により区別している場合,具体的な取り扱いの区別を教えてください
29(1). マイクロフィルムの種類による区別についてお答えください
29(2). 種類により区別している場合,具体的な取り扱いの区別を教えてください

【フィルムの劣化】 日常的にお気付きの範囲でけっこうです
30(1). ビネガーシンドロームが発生していますか ※ TAC ベースのフィルムにおいて,酸加水分解が起こることによる劣化です。初めは酸っぱい臭い(酢酸臭)がし,徐々に歪みや収縮等が生じます。
30(2). ビネガーシンドロームの発生に,何年頃に気付いたか分かる範囲で教えてください
31. ビネガーシンドローム以外の劣化が起きていますか(複数回答可)
32. 劣化の状況にかかわらず,過去にとったことのある対策を教えてください(複数回答可)
33(1). これまでにマイクロ資料の劣化についての調査を実施されたことはありますか
33(2). 何年頃に調査を実施されたか教えてください
34(1). 調査結果を見せていただくことは可能でしょうか

34(2). どこで入手できるか教えていただけますでしょうか（例：
〇〇大学機関リポジトリ）

35. 大学図書館の中央館の方におたずねします。貴学内で図書館
以外のマイクロ資料の保管場所があれば教えてください（複数回
答可）

【その他のフィルム資料】

36. ロールフィルムとフィッシュ以外のマイクロ資料があれば，
その種類と数量を教えてください（例：アパチュアカード200枚，
マイクロカード5タイトル）

37. マイクロ資料以外のフィルム資料があれば，分かる範囲でそ
の種類と数量を教えてください（例：スライド500枚，16ミリ影
像フィルム60タイトル）

38. マイクロ資料を含むフィルムの保存に関して，貴館の取り組
みや気を遣っている点がありましたら教えてください。また，現
在お困りの点や疑問点，今後お調べになりたいことやそれに関し
てお知りになりたい点などもご自由にお書きください

最後に，差し支えない範囲でお答えください
【貴図書館名】
【ご回答者】
部署
お名前
ご連絡先

【調査結果の報告】　□希望する
【調査結果の報告】　□希望しない

(2) 回答数

1,437館に対して質問紙を送付した結果，予備調査を行った4館の回答も含めると，全部で906件の有効回答を得ることができました（回収率63.0％）。無記入の項目があっても全体として問題がなければ有効回答とみなしました。送付数と回答数は表16に示した通りです。回収率は，都道府県立図書館や国立大学図書館では8割以上，最も低かった私立大学図書館でも5割以上となりました。多くの図書館の協力が得られたということは，マイクロ資料に対する関心が依然として高いことを示しています。この調査により，日本の図書館におけるマイクロ資料の現状を全般的に把握する上で，十分な回答が得られたといえるでしょう。

表16　予備調査の結果を含む回答状況

館種	送付数	回答数	回収率
国立大学図書館	263	214	81.4%
公立大学図書館	111	76	68.5%
私立大学図書館	1,004	560	55.8%
都道府県立図書館	58	55	94.8%
国立国会図書館	1	1	100.0%
合計	1,437	906	63.0%

(3) 所蔵状況

① 所蔵の有無

本項以下では，全体，大学図書館（国立・公立・私立大学図書館の合計），都道府県立図書館，国立国会図書館に分けて集計した結果を紹介します。なお，調査では個別の図書館が特

定されない形で結果を集計・公表するという条件で回答を依頼しましたが，国立国会図書館は所蔵数や保存管理の状況も他の図書館とは大きく異なることから，改めて許可を得て単独で結果を示すこととしました。表の中では，最右列に「国立国会図書館」と見出しを付けて示し，該当する回答に「○」を付けてあります。

館種による比較を行うことが目的ではないため，全体と館種別の回答に大きな差がない場合には全体の集計結果のみを述べ，特徴的な回答がある場合には館種ごとの結果を示します。ただし，表16・17からもわかるように，大学図書館と都道府県立図書館の実数には大きな差があることには留意する必要があります。

まず，所蔵の有無をたずねる設問1の結果からは，表17に示したように，906館のうち，半数強の474館がマイクロ資料を所蔵していることがわかりました。所蔵状況は館種により大きな差があり，大学図書館では半数弱の419館が所蔵しているだけであるのに対し，都道府県立図書館では1館を除く54館と，ほとんどの図書館が所蔵しています。

表17 マイクロ資料の所蔵状況

	全体 (N=906)		大学合計 (N=850)		都道府県立 (N=55)		国立国会図書館
	館数	割合	館数	割合	館数	割合	
所蔵していない	432	47.7%	431	50.7%	1	1.8%	
所蔵している	474	52.3%	419	49.3%	54	98.2%	○

設問2以降では，マイクロ資料を所蔵している回答館の数

を 100％として集計しました。つまり，全体（大学図書館，都道府県立図書館，国立国会図書館）では 474 館，館種別では大学図書館 419 館，都道府県立図書館 54 館がそれぞれ 100％となります。割合で示している場合，実数には大きな差があることに注意してください。

② 所蔵数の把握方法

それでは，マイクロ資料の所蔵状況について引き続き見ていきましょう。

マイクロ資料を所蔵している図書館のうち，「本数，枚数，タイトル数，その他の単位（例：キャビネット数）」など何らかの単位で管理している図書館が 416 館（87.8％）と大部分を占めました（設問 2）。

この中では，タイトル数で管理する図書館が多く見られました。タイトル数と物理的な数量の両方を把握している図書館もある一方，どちらかでのみ管理している図書館や，ロールフィルムとマイクロフィッシュの合計タイトル数のみを把握している図書館，キャビネットやケース，収納容器（箱）の数で管理している図書館など，把握の仕方はさまざまでした。

一方で，1 割強にあたる 54 館では「所蔵数は不明」であることがわかりました。「不明」という中には，「ロール数は把握しているがマイクロフィッシュの総数がわからない」など，一部が不明のため総数がわからないという回答も含まれています。こうしたことを考えると，前述の『平成 25 年度学術情報基盤実態調査結果報告』[50] も，どうやら実態を正確に把握できているとは限らないようです。

タイトル数は所蔵資料を把握する上での基本であり，物理

的な量を知るためのある程度の目安にはなるものの,タイトル数が少ないから量が少ないとは限りません。実際の回答でも,たとえば「2タイトル2本」から「1タイトル895本」のように,1タイトルあたりの物理的な数には大きな開きがありました。図書にも多巻物があり同様のことはいえますが,マイクロ資料ではその開きが大きい場合が多くなります。管理や保存の方針を策定するためには物理的な量の把握が不可欠ですが,この結果は,マイクロ資料の所蔵量を把握することの難しさを改めて浮き彫りにすることとなりました。

③ 所蔵情報の公開と検索手段

所蔵情報の外部への公開状況を見ると(表18),約半数の232館が「全て公開」,158館が「一部公開」していますが,「公開していない(非公開)」という図書館も77館ありました(設問6)。都道府県立図書館では「公開していない」は1館だけで,積極的に所蔵情報を公開していることがわかります。

所蔵情報を「公開していない」としたうちの10図書館の所蔵情報は,実際には外部から利用できるOPACで公開されていました。ただし,そのうち3館は館内にリーダーがなく,3館はマイクロ資料の利用がほとんどないことから,この設問を資料そのものの公開をたずねる設問と誤解したのかもしれません。つまり,所蔵情報を外部に対してまったく公開していない図書館は,実際には67館だということになります。

8割近い368館では所蔵情報(あるいは所蔵情報の一部)をOPACで検索できます(設問7)。次いで,「NACSIS Webcat(当時)またはCiNii Books」,「国立国会図書館サーチ(ゆにかねっと)」などの総合目録,「リスト」,「冊子体目録」が多いとい

う結果でした。リストや冊子体目録といった電子化されていない検索手段もかなり残っていることがわかります。「図書とは別のデータベース」は，外部への公開の有無にかかわらず，ほとんど見られませんでした。一方，外部や利用者への公開・非公開にかかわらず「検索はできない」図書館が70館ありました。このうち，22館は所蔵数が不明，48館では所蔵数は把握しているものの利用者が使える検索手段はないという状況でした。なお，48館のうち，1館はマイクロ資料を保存用と位置づけ利用者には提供しておらず，別の1館ではデジタル化しているためマイクロ資料そのものは出納しておらず，利用者向けの検索手段がないのだと思われます。

表18 所蔵情報の公開状況と検索手段

	全体		大学		都道府県立		国立国会図書館
	館数	割合	館数	割合	館数	割合	
所蔵情報の公開							
全て公開	232	48.9%	206	49.2%	26	48.1%	
一部公開	158	33.3%	130	31.0%	27	50.0%	○
非公開	77	16.2%	76	18.1%	1	1.9%	
所蔵情報の検索手段（複数回答可）							
OPAC	368	77.6%	334	79.7%	34	61.8%	○
NACSIS Webcat/CiNii Books	121	25.5%	120	28.6%	1	1.8%	
リスト	68	14.3%	50	11.9%	18	32.7%	○
冊子体目録	42	8.9%	31	7.4%	11	20.0%	○
国立国会図書館サーチ（ゆにかねっと）	23	4.9%	7	1.7%	16	29.1%	○
図書とは別DB（外部に公開）	13	2.7%	11	2.6%	2	3.6%	
図書とは別DB（外部非公開）	4	0.8%	3	0.7%	1	1.8%	
検索はできない	70	14.8%	62	14.8%	8	14.5%	
その他	96	20.3%	84	20.0%	12	21.8%	○

(4) 受入状況

① 受入頻度と入手経路

受入の状況は,表19に示すように大学図書館と都道府県立図書館では大きな差がありました(設問10)。受入頻度を「定期的にある(1年に1回以上)」,「時々ある(数年に1回程度)」,「ほとんどない」という選択肢でたずねた結果,全体として見ると,数年に1回以上受け入れている図書館は222館,現在ほとんど受入がない図書館は228館と,ほぼ同数となりました。全体の3割の142館は定期的にマイクロ資料を受け入れています。この結果は,マイクロ資料が図書館資料として依然として重要な地位を占めていることを示しています。

表19 受入頻度と入手経路

	全体 (N=474)		大学図書館 (N=419)		都道府県立図書館 (N=54)		国立国会図書館
	館数	割合	館数	割合	館数	割合	
受入頻度							
定期的にある	142	30.0%	95	22.7%	46	85.2%	○
時々ある	80	16.9%	77	18.4%	3	5.6%	
ほとんどない	228	48.1%	224	53.5%	4	7.4%	
その他	21	4.4%	20	4.8%	1	1.9%	
入手経路(複数回答可)							
主体的に購入	123	25.9%	79	18.9%	43	79.6%	○
リクエストにより購入	88	18.6%	88	21.0%	0	0.0%	
所蔵資料のマイクロ化	67	14.1%	43	10.3%	23	42.6%	○
寄贈	40	8.4%	35	8.4%	4	7.4%	○
相互貸借(国内)	3	0.6%	3	0.7%	0	0.0%	
相互貸借(海外)	2	0.4%	2	0.5%	0	0.0%	
その他	44	9.3%	42	10.0%	1	1.9%	○

館種別に見ると,大学図書館では,「ほとんど受入はない」が224館(53.5%)と最も多く,次いで「定期的にある」が95館(22.7%),「時々ある」が77館(18.4%)と続いています。

一方の都道府県立図書館では,「定期的にある」が46館(85.2%)と大多数を占め,「ほとんど受入はない」は4館(7.4%),「時々ある」が3館(5.6%)と非常に少なくなっています。

この受入頻度の差は,マイクロ資料の入手経路をたずねる設問11(複数回答可)の結果と合わせて考えると理解しやすいでしょう。大学図書館では「リクエストにより購入」が88館(21.0%)と最も多く,「図書館が主体的に購入」が79館(18.4%),「所蔵資料のマイクロ化」が43館(10.3%)と続いています。「その他」の教員選書などによる購入も42館(10.0%),「寄贈」も40館(8.4%)と一定の割合で見られました。リクエストや教員選書などで購入されてきた資料は,データベースなど電子的な媒体へと替わっていく傾向にあるのではないかと考えられます。

一方,都道府県立図書館では,「図書館が主体的に購入」していると回答した図書館は8割近い43館(79.6%)で,「所蔵資料のマイクロ化」も23館(42.6%)と4割強ありました。図書館の性格上,リクエストによる購入という回答はありませんでした。

② 蔵書としての位置づけ

表20 マイクロ資料の位置づけ

	全体		大学		都道府県立		国立国会図書館
	館数	割合	館数	割合	館数	割合	
長期保存	225	47.5%	176	42.0%	48	88.9%	○
二次的な資料,代替物	21	4.4%	21	5.0%	0	0.0%	
明確な位置づけなし	195	41.1%	191	45.6%	4	7.4%	
その他	33	7.0%	29	6.9%	4	7.4%	

この状況は,マイクロ資料の蔵書としての位置づけの違いにも表れています(設問4)。表20からわかるように,大学

図書館では,「長期保存の上で利用に供するべきもの」と位置づけるところが176館,「明確な位置づけはない」とするところが191館と同程度でした。一方,都道府県立図書館の88.9％にあたる48館や国立国会図書館では,長期保存の媒体であると位置づけています。

③ **長期保存**

さらに,長期保存の手段の基本方針に関する回答を見ると,この傾向を理解することができるでしょう（設問5）。表21に示したように,全体では67館（14.1％）で長期保存のためのマイクロ化が行われています。都道府県立図書館では,その割合が高く,21館（38.9％）ありました。「デジタル化とマイクロ化を併用している」図書館も,全体で68館（14.3％）,都道府県立図書館で23館（42.6％）とそれぞれ同程度の比率でした。都道府県立図書館では,「マイクロ化を採用している」と「マイクロ化とデジタル化を併用している」を合わせると,8割を超える図書館で長期保存のためのマイクロ化が行われているということになります。長期保存のための手段としては,デジタル化も採用されるようになってきているものの,マイクロ化も依然として継続されていることがわかります。

表21 長期保存の手段

	全体		大学		都道府県立		国立国会図書館
	館数	割合	館数	割合	館数	割合	
マイクロ化	67	14.1%	46	11.0%	21	38.9%	
デジタル化に切替	31	6.5%	27	6.4%	3	5.6%	○
併用	68	14.3%	45	10.7%	23	42.6%	
最初からデジタル化	15	3.2%	15	3.6%	0	0.0%	
行っていない	286	60.3%	277	66.1%	9	16.7%	

なお，国立国会図書館は「マイクロ化からデジタル化に切り替えた」と回答しています。これは，デジタル化には「長期保存についてマイクロ化と同程度以上の信頼性が確保されている」[51]として，2009年度以降の媒体変換はデジタル化を原則とするという方針転換を指していると考えられます。

　このように，大学図書館では半数程度がマイクロ資料を所蔵し，その半数ほどが現在も受入を継続しているものの，必ずしも長期保存の媒体として位置づけているわけではありません。一方，都道府県立図書館においては，マイクロ資料を所蔵しており，かつ，現在でも定期的に購入したり，長期保存を目的として自館資料のマイクロ化を行っているところが主流であることがわかります。

(5) 運用

　マイクロ資料の担当者がいる図書館が全体の158館，いない図書館が310館と，担当者のいない図書館の方が倍近いことがわかりました（設問9）。都道府県立図書館では37館（68.5％）に担当者が置かれていますが，他業務との兼任がほとんどです。マイクロ資料専任の担当者がいると回答したのは大学図書館の1館のみでした。国立国会図書館でも，専任の担当者ではなく兼任の担当者がいるという回答でした。都道府県立図書館に担当者がいる割合が高いのは，所蔵資料のマイクロ化を行ったり，定期的にマイクロ資料を受け入れているためだと考えられます。

　利用頻度は，「1か月に100名程度」のように活発に利用されている図書館から，「1年に数名」や，過去数年間にわたって利用がない図書館など，大きな差が見られました（設

問14)。また,マイクロ資料は所蔵しているものの,リーダーは所有していなかったり,故障中のため使用できない図書館や,利用者にはリーダーを提供しないという図書館も合計42館ありました(設問16)。

(6) 保存管理
① 保存場所と温湿度管理

マイクロ資料にとって望ましい保存場所の条件をあげると,温湿度管理が可能な独立した部屋で,他の資料と一緒ではなくフィルムのみが入れられている,ということになります。実際の回答を見てみると,全体では「一般図書と同じスペース(独立した部屋ではない)」が約4割の186館と最も多く,マイクロ保存庫などの「マイクロ資料専用の独立した部屋」で保管しているところが129館,貴重書やDVDなど「一般図書以外の資料と一緒の独立した部屋」で保管しているところが99館と続きます(設問18,複数回答可)。図書館によっては,条件が異なる複数の場所に分散して所蔵されていることもあることがわかります。貴重書やDVDなどと同じ部屋にマイクロ資料を保存しているのは,温湿度管理が可能であるという理由によると思われますが,マイクロ資料は紙資料よりも低い湿度の方が適していること,仮にマイクロ資料が劣化していると一緒に置かれている貴重書やDVDなどにも悪影響を与えてしまうことを考えると,別の部屋に保管する方が望ましいでしょう(☞Ⅱ部2.3(2))。

マイクロ資料専用であるかどうかを問わず独立した部屋があるのは228館,独立した部屋であるかどうかを問わずマイクロ資料専用の場所をもつのは223館と,それぞれ半数程度

でした。

　マイクロ資料の保存においては，湿度の管理が非常に重要となります。半数強の258館では，保存場所（複数の保存場所がある場合にはそのうち少なくとも一か所）の空調を管理しています（設問20，複数回答可）。しかし，24時間空調を行っている場所がある図書館は，3割の150館のみでした。

　ただし，空調があっても，集中管理されているといった理由で温度も湿度も「どちらも設定できない」図書館が240館と半数を占めています（設問21(1)，複数回答可）。湿度が設定できる図書館は，「温度と湿度の両方が設定できる」，「湿度のみ設定できる」図書館の合計108館（22.7％）のみであることがわかりました。

②　包材

　次に，収納容器やロールに巻く帯といった包材の材質について見てみましょう。収納容器は，かつては金属で密閉するのがよいとされていましたが，現在は適切な環境に置かれた劣化がひどくないフィルムであれば，中性紙の箱など通気性があるものが望ましいと考えられています[52]。

　9割近い417館では収納容器として望ましい「紙の箱」が使われており，次いで4割近い181館で「プラスチックのケース」が使われています（設問24(1)，複数回答可）。一方では，「金属の缶」も58館に残っています。

　ロールフィルムに巻く帯も「紙」が8割強の391館で使われていました（設問25(1)，複数回答可）。しかし，「輪ゴム」も32館（6.8％）で現在も使われており，フィルムへの悪影響が懸念されます（☞ I 部 1.3(3)）。

収納容器と帯が紙製である場合，その種類が「酸性紙」であるという回答がそれぞれ1割に満たないということには安心できますが，「中性紙」であるという回答はそれぞれ3割程度でした（設問24(2), 25(2), 複数回答可）。「素材不明」の場合が最も多く，半数程度を占めるためです。また，もとは中性紙であっても，中身のマイクロ資料が劣化したことにより，酸を吸着し，酸性紙となってしまった例もあるでしょう。

　ロールフィルムのリール（芯）は，通気性のある構造をもった非金属の素材が望ましいとされています。実態としても「有孔プラスチック」が354館（74.7％）と最も多くの図書館で使われており，「無孔プラスチック」が192館（40.5％）と続いています（設問26, 複数回答可）。とはいえ，「金属」素材も66館（13.9％）には依然として残っており，注意が必要です。

　全体としては，直接マイクロ資料に触れる包材やリールには，金属ではない材質を使用することが基本となっているものの，所蔵数が多いと，費用や手間の問題から，金属の缶から中性紙箱へ移したり，リールを交換したりすることが難しい状況がうかがえます。

(7) フィルムの種類による取り扱いの区別

　ここでは，フィルムの種類によって保管や取り扱いに区別を設けているかどうかを見ていきましょう。本来，ネガフィルム（以下「ネガ」☞Ⅰ部1.2図6）は保存用，ネガから作製したポジフィルム（以下，「ポジ」☞Ⅰ部1.2図7）は利用や閲覧のためのものだと想定されています。実態としては，別のキャビネットに入れたりネガは利用に供さないなど，取り扱いに区別を設けているところは，全体で1割に満たない38館

のみでした（設問27(1)）。そのうち33館はネガを利用に供さず，17館では保存スペースやキャビネットを分けていました。一方6割を超える304館では区別していません。また，「わからない」という回答も70館からありました。ただし，都道府県立図書館の4割弱にあたる21館や国立国会図書館では，取り扱いに区別を設けていました。こうした図書館では，自館資料のマイクロ化が積極的に行われていることを考えると，もっともな結果です。

ただし，所蔵資料のマイクロ化を行っていても，必ずしも保存用ネガと閲覧用ポジという区別で管理しているとは限りません。所蔵資料のマイクロ化を行っている67館のうち，取り扱いに区別を設けている図書館は19館であるのに対し，区別していない図書館の方が多く，41館でした。

次に，フィルムのベースによる区別が行われているかどうかを見てみましょう。現在のベースにはTACとPETの2種類があり，適切な保存環境の条件がそれぞれ異なるため，本来であれば，取り扱いの区別の基本として，収蔵場所は分けるべきだと考えられます（☞Ⅱ部1.2(3)）。同じ環境で保存する場合にも，TACは加水分解によって酢酸を生じるビネガーシンドロームを発症する場合があるため，PETとは別のキャビネットに入れることが望ましいということになります。

ところが，残念ながら，「TACとPETでは別の取り扱いをしている」図書館は21館のみでした（設問28(1)）。4割の195館が「取り扱いに区別は設けていない」と回答し，さらに「所蔵状況や扱いの区別はわからない」図書館が3割にあたる138館あり，「TACとPETの区別についてはよく知らない」図書館も93館と2割を占めました。よく知らないとい

う回答には,そもそもTACとPETというベースについて知らない場合と,見分け方(☞Ⅰ部1.2(3))を知らない場合の両方が含まれているのでしょう。いずれの場合も,取り扱いの基本となるべきTACとPETについての認識が高くないことがわかります。

感光剤の違いについては,最も一般的で長期保存に向く「銀塩」,安価であるものの経年による褪色が起きやすく,そもそも長期保存には向かない「ジアゾ」(☞口絵②),熱に弱く劣化により酸性ガスを放出する「ベシキュラー」(☞口絵③)という取り扱いの区別を質問しました(設問29(1))。予想されていたことではありましたが,「別の取り扱いをしている」のは4館のみで,180館が「取り扱いに区別を設けていない」と回答しました。さらに「わからない」が166館,「特に気にしていない」が79館という結果になりました。

(8) フィルムの劣化

フィルムの劣化状況については,ビネガーシンドロームの発生を中心に,日常的な業務の中で気づく範囲のことについて回答を求めました。ビネガーシンドロームについてはⅡ部1.1でも説明してありますが,簡単に復習すると,加水分解が引き起こすTACに特徴的な劣化現象で,初めは酢酸臭(酸っぱい臭い)が生じ,徐々に歪みや収縮等の物理的劣化が生じ,画像の崩れやベースの破壊へ進むというものです。

「保存場所で酢酸臭がする」という123館と「個別のフィルムから酢酸臭がする」という87館を合わせると,全体で210館と半数近い図書館でビネガーシンドロームが発生していました(設問30)。そのほか,36図書館では過去に「発生

したことがあるが対処済み」でした。

　大学図書館と都道府県立図書館では傾向にかなりの差があるので，図39に示しました。大学図書館では4割の図書館でビネガーシンドロームが発生していますが，「わからない」という回答が最も多く，およそ3分の1を占めています。

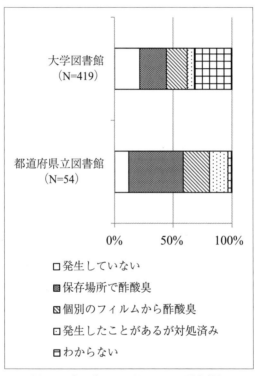

図39　ビネガーシンドロームの発生状況

　都道府県立図書館では，回答館の7割以上で現在ビネガーシンドロームが発生しており，さらに過去の発生例も含める

と9割の49館で発生が確認されました。一方で,発生しているかどうか「わからない」という回答は2館のみでした。これは,都道府県立図書館で多くビネガーシンドロームが発生しているというよりは,発生が認識されているということを意味していると見るべきでしょう。都道府県立図書館では,長期保存の媒体として位置づける図書館が大部分(設問4,設問5)であったことを反映していると考えられます。

ビネガーシンドローム以外の劣化については,およそ4分の1の図書館が,発生は「ない」と回答しました(設問31,複数回答可)。発生が認識されている劣化としては,「フィルム同士の貼り付き」が52館と最も多く,フィルムの表面に銀色の光沢が生じる「銀鏡化」(☞口絵⑧)が33館,「カビが発生している」が17館,フィルムの表面に赤っぽい斑点が生じたり全体が黄変する「ブレミッシュ」(☞口絵⑦)が16館,「フィルムの表面に黄褐色の斑が生じている(硫黄臭がする場合もある)」(☞口絵⑥)が15館(3.2%)と続きます。これを合計すると,3割弱の133館で劣化が見られたことになります。ただし,「わからない」と回答した図書館が274館と,半数以上を占めていました。

86館が過去に何らかの劣化(状態)調査を行っていますが,結果を外部に公開していると回答したころは非常に少なく,大学図書館の2館および国立国会図書館のみでした(設問33)。実際にはほかにも数館が何らかの形で結果を公開しているのですが,いずれにしても少ないことに変わりありません。マイクロ資料の劣化や対策のあり方に悩む図書館が多いことを考えると,調査結果の公開が待たれるところです。

(9) 質問紙調査のまとめ

　マイクロ資料は回答館の半数強で所蔵され、特に都道府県立図書館では1館を除く54館で所蔵されています。所蔵館の半数以上は、マイクロ資料を長期保存の媒体として位置づけ、約半数の図書館が数年に1回程度以上の頻度で受入を続けています。このことは、マイクロ資料の図書館資料としての重要性を示すものだといえます。

　特に、都道府県立図書館では、マイクロ資料を長期保存の媒体として位置づけ、現在でも定期的に受け入れている図書館が主流です。そのため全体的にマイクロ資料への意識が高く、そのことがTACとPETというベースによる基本的な取り扱いの区別や、資料の状態の的確な把握割合の高さといったマイクロ資料の管理状況に反映されていると考えられます。

　一方では、物理的な所蔵量の把握が不十分な図書館もあることが確認されました。保存計画を策定するためにも、またそのための状態調査を行うにも、予算措置を講ずるにも、所蔵資料のリスト化と物理的な量の把握は不可欠であることを考えると、この状況がマイクロ資料の保存を進める上での大きな障害となっていることが懸念されます。

　現在あるいは過去にビネガーシンドロームが発生した図書館は少なくとも4割あります。それにもかかわらず、24時間空調管理が可能な図書館は3割、特に湿度管理が可能な図書館は2割のみでした。ビネガーシンドロームは加水分解により発生、進行するため、湿度の管理が非常に重要となりますが、根本的な対策である環境改善が進んでいない現状が明らかになりました。高温多湿の日本において、JIS規格が定める永久保存条件（☞Ⅱ部1.2(1)）を維持することは、多くの

図書館では困難だと考えられますが、湿度管理のための何らかの対策が早急にとられるべきところです。

ビネガーシンドロームが進行すると、その資料だけではなく、同じスペースにある他のマイクロ資料や紙資料、さらに設備や人体にも悪影響を及ぼすおそれがあります。残念ながら、調査結果からは、そうした認識が足りないことがうかがえます。そのため、せっかく対策が講じられているのに不適切なものであったり、あるいは逆に対策に困って放置されたりしている場合があり、注意を要します。

もちろん、こうした課題について、意識されていないわけではありません。次節では、自由記述式の設問から浮かび上がった図書館の悩みや問題についてとりあげることにしましょう。

1.4 自由記入から浮かび上がる諸問題

(1) 分析の方法

本節では、前節に引き続き、2012年度に行った質問紙調査の結果をもとに、国内の多くの図書館が共通して抱えているマイクロ資料にかかわる悩みや疑問、保存のための工夫を明らかにしていきます。そのために、ここでは、自由記述欄とした設問38「マイクロ資料を含むフィルムの保存に関して、貴館の取り組みや気を遣っている点がありましたら教えてください。また、現在お困りの点や疑問点、今後お調べになりたいことやそれに関してお知りになりたい点などもご自由にお書きください」の回答内容を分析します。

設問38には、381件の記入がありました。ここから、「特

にありません」(132件),「フィルム資料は所蔵していません」(29件) などの回答を除き, 220件を分析の対象としました。

まず, それぞれの回答から,「マイクロ資料またはフィルム資料の何について書かれているか」という論点と,「その論点についてどのような点から書かれているか」という焦点を抜き出しました。次に, 抽出した論点や焦点にキーワードを付与し, 記述内容のコーディング(具体的な文字データに対して分析のためのキーを割り当てる作業)を行いました[53]。

図40は, コーディング作業の具体例です。下線①の部分は, マイクロ・リーダーが故障してしまっているということを述べているので, 論点には「リーダー」, 焦点には「故障」というキーワードを付与しました。次の下線②の部分では, 利用者がいないという点がとりあげられているので, 論点としては「利用」, 焦点としては「利用なし」というキーワードを付与しました。下線③④についても同様の作業を行いました。

---

①マイクロ・リーダーの印刷機能が壊れてしまっているが, 地方では専門業者がおらず, 修理には出張費がかかる。②ほとんど利用者がいない現状では, ③費用を出して修理を依頼することが難しい。④もし直すことができなかった場合, 買い替えも費用面で難しい。

↓

① 論点:リーダー, 焦点:故障
② 論点:利用, 焦点:利用なし
③ 論点:リーダー, 焦点:メンテナンス費用
④ 論点:リーダー, 焦点:新規購入が難しい

図40 コーディングの例
※引用文中の下線と丸付数字は執筆者が付したものです

この分析例では、「リーダー」という論点が3回、「利用」という論点が1回とりあげられたことになります。また、「リーダー」という論点の内訳としては、「故障」、「メンテナンス費用」、「新規購入が難しい」という焦点が1個ずつあげられています。

　この例のように、一文から複数の論点と焦点を抽出した場合もあれば、一つの回答から一つの論点と焦点のみを抽出した場合もあります。

(2) 多く言及されていた問題

　220件の記述を分析したところ、フィルムの保存環境にかかわるもの、フィルムの劣化や保存にかかわるもの、劣化したフィルムの対策にかかわるもの、図書館資料としてのフィルムのあり方にかかわるものなど、多様な意見を抽出することができました。最終的に、27個の論点、124個の焦点を抽出しました。複数回あげられている論点があるため、論点の言及数の合計は延べ562回となっています。自由記述でとりあげられることが多い論点は、多くの図書館が共通して抱えている課題であると考えられます。そこで、表22に、27個の論点を言及数の多い順に示しました。

　「保存環境」という論点の言及数が103回と全体の5分の1を占め、関心の高さをうかがうことができます。次いで、「劣化」72回、「(劣化したフィルムへの)対策」57回、「リーダー」53回、「利用」49回、「媒体変換」48回などが続きました。

　それでは、ここからは、多くあげられていた論点を中心に、その内訳を見ていくこととしましょう。

表22　論点の言及数

論点	言及数
保存環境	103
劣化	72
対策	57
リーダー	53
利用	49
媒体変換	48
所蔵	21
保存場所	20
劣化調査	19
予算	18
保存方法が知りたい	18
廃棄	14
知識	13
代替資料	12
新規受け入れなし	9
所蔵資料	8
人手	7
広報	5
小規模施設には負担が大きい	4
保存の基準	3
内容	2
他機関との連携	2
マイクロ業者の撤退	1
関心なし	1
単館での維持は困難	1
新たな記録媒体への期待	1
フィルム文化の将来への懸念	1
合計	562

(3) 保存環境

 最も多かった保存環境という論点では，表23に示したような焦点があげられていました。温湿度管理に関することが最も多く，28回の言及があり，次いで「空調」，「環境がよくない」，「乾燥剤」がそれぞれ12回，「環境が整った館で保管している，してほしい」という意見が11回あげられていました。

表23 論点「保存環境」の内訳

焦点	言及数
温湿度管理	28
空調	12
環境がよくない	12
乾燥剤	12
環境が整った館で保管	11
専用庫	9
湿度	6
改築	4
調湿剤	3
十分ではない	2
空気清浄機	1
キャビネットの劣化	1
PETでも24時間空調が必要か	1
TACの包材をPETに再利用してよいか	1
合計	103

 マイクロ資料の保存には温湿度管理が重要であることはわかっており，空調や乾燥剤，調湿剤などの対策は講じているものの，十分とはいえないことを意識しているという状況がうかがえます。また，論点「保存方法が知りたい」からは，どのような環境がよいのかについてわからず，不安を感じて

(4) 劣化

次に、合計72回の言及が見られた「劣化」の内訳を表24に示しました。最も多かった焦点は、代表的な劣化である「ビネガーシンドローム」についての言及数が37回、次いで「劣化フィルムの修復」8回、「対処方法が知りたい」6回、「進行防止・劣化防止手段が知りたい」5回、「他の資料への影響」4回、と続いていきます。

保存環境とも関係することですが、劣化にどのように対処すべきか、また劣化を未然に防ぐにはどうすればよいのかについて悩んでいる図書館が多いことがわかります。逆に、劣化していない状態のよいフィルムをどのように取り扱うべきかわからないという記述もありました。

表24 論点「劣化」の内訳

焦点	言及数
ビネガーシンドローム	37
劣化フィルムの修復	8
対処方法が知りたい	6
進行防止・劣化防止手段が知りたい	5
他の資料への影響	4
劣化フィルムの買い替えが難しい	3
劣化フィルムの別置	3
状態の見分け方が知りたい	2
劣化フィルムの保存方法	2
状態が良いフィルムの取扱	1
原本へのアクセス可否を調査	1
合計	72

また，論点「劣化調査」（状態調査）からは，必要性は認識しているものの予算や人員の不足から実施することができないという悩みが浮かび上がりました。さらに，論点「知識」としては，マイクロ資料に詳しい人材がいないことが大きな悩みとしてあげられていました。

(5) **対策**

表25　論点「対策」の内訳

焦点	言及数
対策なし	14
包材の交換	12
巻き直し	9
一部複製作製済み	6
対策済み	3
フィルムのクリーニング	3
対策を検討	3
予定	2
酢酸吸着シート	3
インターセプトテクノロジー，イオケミパッドの効果が知りたい	2
合計	57

　劣化への「対策」という論点は57回言及されていました。内訳は表25に示した通りです。前節でも回答結果として述べた包材の交換やフィルムの巻き直しのほかにも，複製を（おそらくはPETベースのフィルムで）作製したり，クリーニングを行ったりしている図書館があることがわかります。また，劣化フィルムから放出される酢酸を吸着するためのイオケミパッドなどの吸着剤や，空気中にある腐食性ガスを吸着・中和して資料の劣化を防ぐインターセプトテクノロジーへの関心，さらには，そうした劣化への対策となり得る技術の効果について

具体的に知りたいという希望があることがわかります。

(6) マイクロ・リーダー

マイクロ資料の「リーダー」についても，53回と多くの言及がありました。内訳は表26に示した通りです。リーダーをもっていないために利用者にマイクロ資料を提供していない図書館があることは前節でも述べた通りですが（もっとも紙焼きを閲覧に供するという方針の図書館もありました），故障中である図書館や，現在はリーダーをもっていても将来的なメンテナンスや運用に不安を感じている図書館の姿が見えてきます。

表26 論点「リーダー」の内訳

焦点	言及数
新規購入や更新ができない	11
故障	8
リーダーなし	8
スペースの確保	7
リーダーが古い	6
メンテナンスが将来的に心配	3
メンテナンス費用	3
修理が困難または時間がかかる	2
リーダー廃棄済み	2
メンテナンス不足	1
リーダーなし（フィルムの映写設備）	1
更新した	1
合計	53

また，デジタル画像化もできるような新しい高性能のリーダーは高価なことから，古いリーダーを使い続けているという記述もありました。ただし，Ⅰ部3.2(3)でふれた，最近普及しつつあるデジタル方式のマイクロ・リーダーは，従来製

品に比べてかなり安価になってきているのですが,こうした情報が図書館の現場に浸透していないようです。

前節で述べた質問紙調査の結果からは,マイクロ資料を保存用とのみ位置づけ,利用には供さないという明確な方針をもった図書館の数は少ないことがわかっています。その状況を踏まえると,マイクロ資料を所蔵しているものの,それを利用するための手段の提供がなかったり,将来的な提供に不安を感じている図書館があるというのは問題だといえます。

(7) 利用

マイクロ資料の「利用」という論点では49回の言及がありました。「利用が少ない」,「利用がない」,「利用が減少」を合わせると38回となり,利用の少なさに関する言及が4分の3を占めています。その他は,マイクロという形態による不便さ,内容や全文で検索することができないという利用上の不便さについての意見が目立ちました。

表27 論点「利用」の内訳

焦点	言及数
少ない	24
利用がない	9
利用には不便	7
利用が減少	5
利用で劣化	2
内容単位で検索できない	1
複写料金徴収の仕組みがない	1
合計	49

前節の調査結果でも述べたように,マイクロ資料の利用が少ない図書館は珍しくありません。設問14では,「1か月に100名程度」と活発に利用されている図書館がある一方で,

数年以上の期間にわたって利用がないところも81館ありました。ただし，利用の少なさには，マイクロ資料のコンテンツや利用にあたっての不便さだけではなく，マイクロ資料の所蔵情報の公開方法，検索方法などさまざまな要因が関係しているものと思われます。

実際，論点「所蔵」からは，OPAC未入力資料があるなど所蔵の把握ができていないこと，所蔵量が少ないために扱いに困っていることなどがわかります。前節でも，回答館の1割が所蔵数を把握できていないこと，所蔵情報を一部でも公開しているところが8割，OPACで検索できるのが8割弱であることを述べましたが，その影響は大きいと思われます。

また，別の論点「広報」からは，利用者にどのようにマイクロ資料について知らせ，利用を促していったらよいのかという悩みを見てとることができます。

(8) 媒体変換

表28 論点「媒体変換」の内訳

焦点	言及数
マイクロ資料のデジタル化	16
TAC から PET へ	9
媒体変換と著作権	7
デジタル化のコスト	5
マイクロ化とデジタル化のどちらがよいのか	3
デジタル化の方法	3
有効な方法が知りたい	2
媒体変換を検討	1
判断の先延ばし	1
コストの問題でマイクロ化からデジタル化に切り替えた	1
合計	48

「媒体変換」も言及数が多かった論点の一つです。表28に48回の言及の内訳を示しました。3分の1を占めたのは,「マイクロ資料のデジタル化」についてのものでした。「デジタル化のコストが知りたい」,「マイクロ化とデジタル化のどちらがよいのか」,「デジタル化の方法（について悩んでいる）」などを含めると,媒体変換に関する意見の大半はデジタル化にかかわるものであるといえます。また,長期保存を考えると所蔵資料の媒体変換はマイクロ化で行いたいが,コストの問題で,やむを得ずデジタル化に切り替えたという回答もありました。マイクロ化そのもののコストはデジタル化よりも概して低いのですが,マイクロ資料の保存,機材のメンテナンスなどトータルで考えると,デジタル化の方がコストが低いという判断だと考えられます。

　マイクロ資料という形態のままの変換としては,劣化が懸念されたり,劣化が進行しているTACから,ビネガーシンドロームが起きないPETへ複製するということも行われていることがわかります。

　同時に,どのような場合に媒体変換してよいのか,媒体変換後の利用にあたってはどのような制限があるのかなど,媒体変換する際の著作権について不安に感じているという意見もありました。

　媒体変換としてどのような方法が有効であるのか,マイクロ化とデジタル化のどちらがよいのかなど,マイクロ資料の媒体変換方針そのものについて悩んでいる図書館の姿をうかがうことができます。

⑼　フィルムのあり方

　そのほかにも，図書館資料としてのフィルムのあり方にかかわるようなさまざまな論点があげられていました。たとえば，マイクロ資料に割く予算や人手がないこと（論点「予算」および「人手」），劣化フィルムを廃棄したり廃棄を検討したりしていること（論点「廃棄」），あるいは保存や複製や廃棄に関する方針がないために困っていること（論点「保存の基準」），マイクロ資料をデータベースですべて代替できるのかどうかわからず悩んでいること（論点「代替資料」），附録資料としてのマイクロ資料をどう扱ったらよいかという悩みや，所蔵資料としての重要度が低下していること（論点「所蔵資料」）などです。

　また，特に小規模な機関の場合，一機関でマイクロ資料を維持管理していくことを困難に感じ（論点「単館での維持は困難」），他機関と目録作成や保存，デジタル化などで連携したい（論点「他機関との連携」）という要望もあることがわかりました。

⑽　マイクロ資料に関する悩みと保存の手引き

　自由記述の分析からは，マイクロ資料のあり方や保存環境，劣化にかかわる事柄についてのさまざまな悩みを見てとることができました。どのような保存環境や対策が最も有効であるのかわからず，他の図書館がどのようにしているのかを知りたいという希望も多くの回答に見られました。

　マイクロ資料の保存の手引きとしては，国立国会図書館が2012年8月に改訂したばかりの簡便なパンフレット『マイクロフィルム保存のための基礎知識』[54]や，日本画像情報マ

ネジメント協会が出版した『マイクロフィルム保存の手引』[55]などがありますが、マイクロ資料の取り扱いの経験があまりない個々の図書館が、限られた予算や人員の中で個別具体的な問題に対処する際には、こうした手引きだけでは難しいようです。

(安形麻理)

謝辞 ご多忙のなか、調査にご協力くださった図書館、所蔵資料の状態調査の結果をご提供くださった図書館の皆様に感謝いたします。また、国立国会図書館からは、格別のご配慮により、回答結果を個別に示す許可をいただいたことに謝意を表します。

2章 マイクロフィルム保存のための方策

2.1 マイクロフィルム保存の考え方

　劣化した資料に対して，私たちはどう対処すればよいのでしょうか。まずは，とにかくすべてをもとの状態に戻さなければ，と考えるかもしれません。指定文化財ともなれば，一点一点の修復も重要な選択肢となるでしょう。しかし，マイクロフィルムの場合，そのような発想では根本的な解決に結びつかない可能性が高いのです。

　通常の閲覧に供せられるマイクロフィルムは，多くの場合，オリジナルではなく複製物として作製されたものであり，また，個体としてではなく複数の資料の塊（コレクション）として取り扱われるものと考えられます。したがって，これを管理する側にまず求められるのは，コレクションという一つの意味あるまとまりを，全体として維持するということになります。このことは，必ずしも，現物の一点一点をすべて永続的に保存することを意味するとは限りません。ある一点の劣化が一定レベルを超えたときには，その特定の個体の保全にこだわるのではなく，代替物を作製し，劣化したもとの資料については廃棄する，という選択肢もあり得ます。

　国際図書館連盟（IFLA）の「図書館資料の保存と保護のための原則」は，こうしたコレクション全般を対象とする保存

管理のことを「プリザベーション preservation ＝ 保存」と呼び，個別の資料の「conservation ＝ 保護」，「restoration ＝ 修復」とは別の概念として定義しています[19]。この原則は，図書や雑誌といった紙媒体の資料を念頭に置いたものですが，マイクロフィルムもそれに準ずるものとして位置づけられています。ただし，マイクロフィルムの場合には，紙の資料とは異なる特性があることを踏まえておかなければなりません。ここでは注意点を二つあげておきましょう。

　一つは，フィルムの世代に関する知識が不可欠であるということです。ここでいうのは，オリジナルフィルム（ネガ）と複製フィルム（通常はポジ）の区別のことで，Ⅰ部1.2(2)に詳しく説明したとおり，この両者は，内容的には同一でも，その位置づけはまったく異なります。前者は，利用に供するためのフィルム（後者）を作製するための，図書でいうならば版下に相当します。これは，本来，マイクロフィルムの作製者が所持するものなので，たとえば書店等から購入するような場合には，考慮に入れる必要はないでしょう。問題となるのは，各図書館あるいは個人が独自に作製する場合で，その際には，必ず，オリジナルおよび複製の2種類を所持することになります。この二つは，取り扱いを別々にしなければなりません。

　マイクロフィルムについてもう一つ注意するべきは，その物理的な劣化の仕方が，紙資料とはずいぶん異なり，また，多種多様であるということです（☞Ⅱ部1.1）。劣化症状の中でも，特に，TAC ベースの加水分解による劣化（ビネガーシンドローム）については，他の症状とは一線を画したものと見ておく必要があります。これ以外の，たとえば，ブレミッ

シュ，銀鏡化，フェロ化といった症状については，それぞれの資料の内的要因（作製工程上の不備など）や外的要因（不適切な温湿度設定，空気の汚染，不適切な取り扱いなど）を究明し，これを改善するという対処になるでしょう。この場合には，結局のところ一点一点のレベルで完結する問題と見ることができます。一方，ビネガーシンドロームの場合も，最終的には，他の劣化と同様に，その原因を探りこれを改善することが求められることに変わりはありません。しかし，それ以前の問題として，この劣化の周囲に与える影響力が，他の劣化に比べると桁違いに大きいのです。

劣化したTACベースフィルムが発する酢酸は，まず自身の劣化を加速させ，さらに，周囲にあるフィルムの劣化の原因となります。しかも，問題はこれにとどまりません。より深刻なのは，この劣化フィルムが配置されている環境全体を一気に悪化させることです。その影響は，資料管理という限られた範囲だけでなく，施設を出入りする人の健康や，建物全体の管理運営にまで及ぶことになります。この放出された酢酸が原因で，施設の空調設備が故障したという報告も少なくありません（☞Ⅱ部1.1, Ⅱ部2.3）。マイクロフィルムの保存において，先に記した「プリザベーション」的な全体を見通す視点が大きな意味をもつのは，ここからも理解できると思います。

この「プリザベーション」のマイクロフィルム劣化対策への適用については，安江明夫による論考があり[31]，その委細を尽くした方法論は実地でも一定の成果をあげています[56], [57], [58], [59]。状態調査から計画に至る過程についてはこの論考が示している大枠を参照するとして，ここでは，訪問調査や

質問紙調査から得られた知見（☞Ⅲ部1.2〜4）をもとに，劣化対策の基本的な考え方をまとめ，対処を進めるためのツールや，局面ごとの注意すべきポイントを提示することにします。

2.2 劣化発症の前に

マイクロフィルムを管理するにあたっては，劣化しているか否か以前に，①保存環境を適切な状態にし，②資料を物理単位で把握しておくこと，がぜひとも必要です。そのようなことは，別にマイクロフィルムに限らずあらゆる資料の管理についていえるのではないか，と思われるかもしれません。ここで特にこれに言及するのは，一つには，マイクロフィルムの長期保存には，紙媒体の資料に比べて，より厳しい条件が求められるということ，それから，マイクロフィルムを管理する上で必要となる個体情報は，図書を中心とする既存の目録システムだけでは十分には得られない，という事情があるからです。環境条件についてはⅡ部1.2およびⅡ部2で詳しく見ましたから，ここでは後者について説明します。

マイクロフィルムの管理は，必ずしも物理単位（リール数，枚数）でなされているとは限りません。前章に見た質問紙調査で明らかになったように，多くの機関では，タイトル数や箱数，キャビネット数のような，ただちにはリール数・枚数に換算できない単位によって管理されています（☞Ⅲ部1.3(3)）。こうした現状は，マイクロフィルムという媒体のもつ特性や，各機関の所蔵資料におけるこの媒体の位置づけ方など，さまざまな要因に基づくものと考えられますが，少なくとも，マイクロフィルムを長期的に利用できるようにすると

いう目的からすると、物理単位での基礎データの把握は最低限の条件になります。

では、この物理単位での把握のためにはどのような項目が必要でしょうか。英米目録規則や日本目録規則には、マイクロフィルムの書誌記述について1章が割かれています。また、マイクロフィルムの書誌管理に関する論考もあります[7]。しかし、これまでに記してきたようなマイクロフィルムの保存管理に必要な情報をつかむためには、これらの規則や論考に掲げられている項目ではカバーしきれない部分があるように思われます。

そこで以下、試みに書誌情報と所蔵情報の二つに分けて、必要な項目について考えてみることにします。

表29　マイクロフィルム管理データ項目案

書誌情報		
1	タイトル	タイトル、責任表示
2	出版事項	出版地、出版者、出版年月
3	種類・数量	ロール／フィッシュ／カード等の別、巻数／枚数、35mm/16mmの別（ロール）
4	原本	原本の書誌・所蔵情報
所蔵情報		
1	巻次	リール番号／シート番号等
2	管理情報	資産管理番号、分類記号等
3	世代	オリジナル／複製
4	形態	ネガ／ポジ、ベース、画像形成方法、包材等
5	履歴	作製者（寄贈者）、作製年月、受入年月
6	排架位置	時期も含む

書誌情報については，まず，図書などと共通する項目として「タイトル」，「出版事項」，「種類・数量」は必須でしょう。出版に関係する事項は，原本の情報ではなく，あくまで複製物としてのマイクロフィルムの情報であることに注意が必要です。一方，原本の情報については，書誌情報だけでなく所蔵情報も併せて，別に項目を設けておきたいところです。ただし，機関や個人で独自に作製されたマイクロフィルムの場合には，以上のような情報は，フィルムそのものや包材からは得られないかもしれません。したがって，オリジナルフィルムを新規に受け入れるときには，入手経路を通じて，こうした情報を得られないかどうか，あらかじめ確認するようにしておくとよいでしょう。

　所蔵情報は，物理単位での情報になります。「巻次」，「管理情報」といった項目は，図書などの場合と同様の考え方でよいでしょう。ここでは，それに加えて，一点一点のフィルムの「世代」，「形態」，それから，その「履歴」についての情報はぜひとも組み込みたいところです。ここでいうフィルムの形態とは，画像はネガかポジか，ベースの種類はTACかPETか，画像形成方法は銀塩かジアゾか，といった情報のことです。こうした項目について一つ一つ判定するためには，マイクロフィルムに関する基本的な知識が必要になります。特にベースや画像形成方法の判別には，ある程度の経験が求められますが（☞Ⅰ部1.2(3)(4)），たとえばベースについては専用の判定器（図41）もありますから，適宜そうした器具類を利用するとよいでしょう。また，フィルム本体を取り巻く包材（リール，帯，収納容器）の種類についても確認しておきましょう（☞Ⅰ部1.3(3)）。

図41　TAC・PET判定器

　「履歴」とは，その物理単位がいつどこで作製され，いつ受け入れられたかという情報のことです。仮に書誌情報上の出版年が1970年代だとしても，そのモノ自体は2010年に作製された複製であるということは，普通に考えられることです。さらにもう一つ，「排架位置」に関する情報も，ここに加えてよいでしょう。これについては，どの時点でどの部屋のどのキャビネットに排架されていたか，これまでの全履歴がわかるようにできるのが理想です。酢酸は空気より重いため，ビネガーシンドロームの発症したフィルムが上位にあるか下位にあるかでその影響も異なってきますから，こうした情報は，劣化原因を探る上で大きな手がかりになるのです。

　このような情報は，その気になればいくらでも詳しくすることができるでしょう。表29は，資料管理上，最低限必要であると思われる項目を提示したものです。現実にこれらを把握している機関は稀でしょう。しかし，マイクロフィルムの劣化対策は，こうした情報を抜きにして進めることはできないのです。

2.3 劣化対策の初動

(1) 劣化対策の態勢とは

　前節でマイクロフィルム管理の要件を記しましたが，こうしたデータ整備も含めた劣化対策は，おそらく劣化が表面化した後になってから始動する場合がほとんどだと思われます。ここで肝心なのは，劣化に気づいたときに，そのまま放置するのではなく，実際に対策を始動する，ということです。どんなにひどい状態になっていたとしても，そこで対策を始めて無駄であるということはありません。始めないのが一番よくないのです。ちょっとした違和感を主観的と切り捨てるのではなく，違和感としてまず認めること，そして，その違和感のもとになっている症状を客観的に把握すること，これが肝要です。

　マイクロフィルムの劣化が発見される場面としては，大きく二つのパターンが考えられます。

　一つは，閲覧時に見出される場合。たとえば，フィルムをリーダーで巻き取る際に破断した，あるいは，ベースが波打って画像が見づらい，といった異変が，利用者から報告されるということがあります。もう一つは，利用の有無にかかわらず，マイクロフィルムが排架されている空間に異常が認められる場合です。これは，異臭に限りません。たとえば，室内の温湿度の変化を肌で感じるだけでも，劣化発見の手がかりになることがあります。

　Ⅱ部 1.1 に説明した劣化のメカニズムを理解しておけば，異変が見つかった段階で，どのようなタイプの劣化が起こっているのか，おおよその見当がつきます。対策を始めるため

には、このまだ主観的な見当を、より客観的な情報として把握しなければなりません。その際に注意すべきは、個々の劣化ばかりを注視するのではなく、資料群が置かれている環境全体を見通すようにするということです。

以下、上述した二つのパターンについて、劣化が発覚したあとに、どのような筋道で対策を進めてゆけばよいか、試みに示してみましょう。

(2) 劣化対策の初動1 −閲覧時、フィルム本体に異変が見出された場合

劣化現象の多くは、フィルムが閲覧利用されるときに発見されるものと思われます。その原因究明のためには、状態調査により、どのようなタイプの劣化がどの個体に発生したのかを詳細に把握する必要があります。状態調査については次節に述べるとして、この初動の段階では、まず、環境面での要因について確認しておきたいところです。温湿度の把握は特に重要です（☞Ⅱ部 1.2(1)および 2.2）。結露などの水分によって、フィルム間に貼り付きや固着が生じ、最悪の場合、ベースが破断することもあります（☞Ⅱ部 1.1(5)）。

まず、保存スペースの現場で空気の流れを見ます。給気口と排気口の位置を調べ、書架やキャビネットの配置によって空気の流れが滞っている部分がないか、局所的に温湿度が他の箇所と異なるようなところがないか、こうしたポイントを確認します。給気口と排気口の存在がすぐにわからないようであれば、設計図面と見比べるとよいでしょう。

空調機器の位置によっては、冷気が資料を直撃し、温湿度が局所的に極端な落差を示すこともあります。劣化フィルム

がそのような場所に置かれてはいなかったかどうか，ということもチェックポイントになります。以上のような直接的に劣化の要因となりそうな諸点については，可能な範囲で改善します。

　次に，それまでに温湿度条件の悪い時期はなかったかどうか，過去のデータを確認します。もし，温湿度の記録がまったくないのであれば，その時点から，記録をとるようにします。短期間でも，昼夜で極端に温湿度差がある可能性，また同一空間でも，局所的に温湿度が異なる場所があるかもしれません。可能であれば，データロガーを複数設置して，日単位・週単位での温湿度変化や，劣化したフィルムの配置してある場所とそれ以外との温湿度差を把握します（☞Ⅱ部2.2）。

　以上のような環境条件の把握は，些細なことと思われがちですが，劣化対策の出発点として不可欠の要件になります。このことは，次に記すビネガーシンドロームについてもまったく同様です。

(3) 劣化対策の初動2－保存空間に酢酸臭がした場合

　フィルムの保存空間で酢酸臭を感じた場合，往々にして「臭い」と感想を述べるだけですませがちなのですが，これは管理者としてあまり望ましくない対応です。「臭い」と感じたということは，人間の感覚のセンサーがある種の危険を感知したことを意味します。しかし，人間の感覚は幅をもつものなので，当初危険であると感じた同じ状況に，時間が経つと慣れてしまいます。人間の感覚は慣れるかもしれませんが，モノに影響があることに変わりはありません。したがって，その臭さが，客観的にどのレベルの汚染を示しているか

を把握する必要があります。また，劣化の程度と臭いの強弱は必ずしも対応関係にあるとは限りません。臭いがしなくとも劣化が進んでいる可能性は十分あります。臭いはあくまで一つの指標にすぎません。しかし環境の変化を知るきっかけとして重要な指標です。感覚を軽視してはなりませんが，これが唯一の指標ではないことを理解しておきましょう。

空間内の有機酸量については，パッシブインジケータ（内外テクノス・太平洋マテリアル）により，1週間程度で簡便な測定を行うことができます（☞口絵⑬）[26],[60],[61]。これによって，その空間内の酢酸濃度が，0.175ppm つまり 175ppb（☞Ⅱ部1.1(3)）を超えていないかどうかを確認することができます。この結果次第で，即座の対処が必要であるか，漸次的な対応でかまわないのか，最初の態勢が定まることになります。

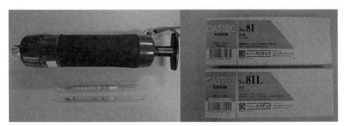

図42 採取器（ハンドポンプ）と検知管

はっきりと臭気が感じられる場合には，TACベースフィルムの排架位置を早急に調べて，その付近を検知管（図42）で測定し，局所空間での汚染度を把握します。その場で劣化の極度に進んだフィルムを確定できれば，すぐに隔離しましょう。その場合には，置き場を変えるよりは，酢酸を確実

に封入することを考えます。ただし、市販のポリエチレンやナイロンの袋では、袋内外の気体の出入を完全に阻止できないので、ガスバリア性の高い素材からなる袋を用いる必要があります（図43）。

ただし、この処置をした場合でも、酢酸の放出が止まるわけではありません。このため、酢酸吸着剤などを一緒に封入し、定期的な交換をしないと袋内の酢酸はさらに高濃度となってしまいます。単なる隔離はあくまで応急的な措置と認識しておく必要があります（☞Ⅱ部2.3(2)）。

図43 ガスバリア袋に封入された劣化マイクロフィルム

以上のように、ビネガーシンドロームに対処するためには、個別のマイクロフィルムに対する救急の処置と併せて、保存空間全体に対しても目を配る必要があります。この場合、まず、酢酸の生成を抑えるために、温湿度を調節しなければならないのですが、そのために不可欠な空調機器そのものが、この酢酸によって被害を受けている可能性があります。空調を稼働すると不可避的に水分が生じますが、その水分に酢酸が溶け込むと錆の原因になるのです。つまり、空調管理は、劣化フィルムの隔離と同時並行で行わなければ効果はあがりません。この初動の段階では、多くの場合、劣化フィルムの特定は困難でしょうから、状態調査を行う必要が出てきます。

2.4 状態調査

(1) 状態調査の目的と手順

調査の目的は，現状をマクロの視点から把握して，劣化対策の全体の見積もりを行うこと，そして，ミクロの視点から，具体的に措置する際の優先順位を定めることです。ここでいう現状とは，大きく二つに区分することができます。一つは，マイクロフィルム一点一点の形態や履歴に関する基礎情報であり，もう一つは，劣化状況に関する情報です。

前者については，既に説明しましたが（☞Ⅲ部2.2 表29），ここで強調しておきたいのは，全体の数量を把握することの重要性です。これがわからなければ，そもそも劣化状態の見積もりができません。

この形態・履歴調査は，実際にやってみればすぐわかることですが，仮に量的に膨大であったとしても，必ずしもそのすべてを一点一点確認する必要はありません。たとえば市販されているフィルムで，同一時期の作製であることが明らかなものであれば，そのすべてについて同じであると判断できるでしょう。このことは受入の履歴を見ればすぐに確認できるはずです。各館でコレクションがどのように構築されてきたのかをあらかじめ確認しておくことは，資料を個体としてではなく，群として把握するためにも有効であると思われます。おそらくこの局面で最も重要になるのは，そのフィルムがオリジナルか複製かという判別です。この判別が，劣化対策も含めたマイクロフィルム管理の第一歩になります。

一方の劣化状況については，理想的には，一点一点を対象に，Ⅱ部1.1に掲げたすべての劣化の種類について，発症し

ているかどうか，そして発症していれば症状がどの程度なのか，軽症か重症なのかを知りたいところです。しかし，繰り返しになりますが，マイクロフィルムは，基本的に個体としてではなく群として作製され取り扱われるものですから，一点一点の物理単位ではなく，まずは，一タイトルあるいは一作製単位といったレベルで現状を把握するのが理に適っています。もちろん，この中には，一タイトル一本である場合もあれば，一タイトル数千本あり，複数回に分けて作製・頒布されるという場合もあるでしょう。ここで強調しておきたいのは，資料を見る際の焦点の合わせ方を柔軟に変えることが求められているということです。初めから全点を精査するという発想ではなく，まずは，各資料群レベルでの状況を把握し，そこから劣化個体を確定してゆくといった具合に，段階を分けて進めるというのが，こうした調査の基本的な考え方です。

　先に紹介した安江の論考[31]は，調査における，このような段階分けの考え方を明確に提示した点で大変参考になります。この論考では調査を二つに分けて，具体的な内容を示していますが，実際にどのように段階分けをして，どのような手順で進めるかは，劣化の進行具合や，これまでどの程度のレベルで管理されてきたかによって異なると思われます。調査を複数の段階に分ける場合には，まず，上に記したような①資料群から個体へ，というプロセスが重要ですが，これに加えて，調査の内容的な段階分け，具体的には，②目視等の感覚による判定から試薬等による科学的な測定へ，というプロセスも意識しておく必要があると思われます。形態・履歴調査がまだ行われていないのであれば，これも一つの調査段

階として設定することになります。

以下この二つの筋道について具体的に説明してみます。

(2) 調査のプロセス1－群から個へ

コレクションの規模が大きい場合には、最初から全リールを1点1点調査するのではなく、まず標本調査によって全体の傾向を把握するとよいでしょう。標本抽出の分量としては400本が一つの目安になります。この400（厳密には384）という数値は、無作為抽出の場合、95％の信頼度で誤差が5％以内とするときに最低限必要とされる標本の大きさです。たとえば、母集団40,000の資料群から無作為に400本を抽出して、劣化状況を調べたところ、貼り付きの症状を示したフィルムが40本、つまり、10％あったとします。この値から母集団の値を95％信頼水準で区間推定をする場合、誤差は

$\dfrac{s}{\sqrt{n}}$（sは標本標準偏差, nは標本の大きさ）

の1.96倍の範囲内にあることになります。つまり、

$$1.96 \times \dfrac{s}{\sqrt{n}} = 1.96 \times \dfrac{\sqrt{0.1(1-0.1)}}{\sqrt{400}} = 0.0294$$

ですから、劣化フィルムの割合は、95％の確率で、7.06％（0.1 − 0.0294）から12.94％（0.1 + 0.0294）の間、本数でいえば、2824本から5176本の間にあると推定されます。巻き直しが必要なフィルムは大きく見積もって5176本ということです。こうした数値は予算計上における重要な参考情報になるでしょう[62], [63]。

このように、標本調査の目的は、まずはマクロの視点から全体の劣化の割合を知ることであって、個別の判定ではあり

ません。また，標本の抽出は無作為に行いますから，場合によっては，抽出されないタイトルもあるかもしれません。特に1本もののフィルムの場合はその可能性が高くなります。そうすると，次の段階，つまり，ミクロの視点でどの個体に劣化が生じているかを突き止める際に，どのタイトルのどの部分に焦点をしぼればよいのかが明確になりません。したがって，標本に含まれなかったタイトルについては，別に抽出することが必要になります。この別枠の抽出については，標本調査と併せて行ってもよいでしょう。ただし，これは無作為ではなく有意の抽出になりますので，集計の際には標本調査とは別扱いになることに注意しましょう。

　以上の第一段階の調査からは，まず劣化の種類，その進行程度が判明しますが，それに加えて，その劣化フィルムが含まれる資料群の確定が重要です。たとえば，標本中に同一タイトルのPETフィルムが2本含まれており，1本は軽い貼り付き，1本は貼り付きのために膜面が剥離していたとします。このフィルム群については，水分による劣化が明らかであり，その劣化の程度はかなり進行していると考えられます。したがって，このフィルム群を対象に，まず，これらの収蔵環境が適正であるかどうかを確認するとともに，悉皆調査の優先候補としてリストアップすることになります。

　次の段階として，優先度の高いフィルム群から順に悉皆調査を行うわけですが，ここでは文字通り一本一本について確認し，劣化が軽度であれば巻き直し，重度であれば代替化，といった具合に処置の方法を確定します。仮に，数千本レベルのフィルム群で，悉皆調査が困難と判断されるのであれば，別の視点から，たとえば排架場所の違いなどから，さらに段

階を分けます。現時点で局所的に環境の悪い地点が存在するかもしれませんし、また、過去の履歴を調べれば、劣悪な環境にあった時期を見出せるかもしれません。

(3) 調査のプロセス2－主観的判定から客観的測定へ

劣化の程度が、目視などの感覚のみで確実に判定できるのであれば、調査の方法によって段階分けをする必要はないでしょう。しかし、たとえばビネガーシンドロームによって発する酢酸を考えてみると、その臭いは、人によって感じる度合いは異なるでしょうし、同じ人でも時によって感じ方が異なるかもしれません。したがって、ある感覚をそのまま劣化度の評価に結びつけることはできないのです。このことは、嗅覚に限った話ではありません。しかし一方で、人間の感覚は、視覚、嗅覚、触覚といった複数の尺度をもち、外界の多様な現象を同時に知覚することができるという、科学的な測定機器にはない特性をもっています。ここで重要なのは、片方に過度に依存するのでもなく、また退けるのでもなく、両者の特性をよく理解し、その特性に適った用い方をすることです。前節では、量的な側面からの段階分けの考え方を示しましたが、ここでは、劣化の内容という質的な側面から、調査の段階分けについて考えてみましょう。

これまで調査を行ったことがなく、どのような劣化が生じているかがまったく不明な場合、第一段階として、複数の項目について、調査者の感覚に沿って判定します。ここでは、全体においてどのタイプの劣化が、どの部分にどの程度あるのかを、大雑把につかむことを目標とします。調査員を一人ではなく複数人とし、お互いの感覚的な誤差を調整すれば、

この主観的な判定にもある程度の客観性をもたせることができるでしょう。分量が厖大であればⅡ部 2.4(2)の要領で標本調査と組み合わせます。

　次の段階では，この感覚的に把握された劣化について，その程度を科学的に測定します。マイクロフィルムの劣化を対象とした科学的な測定器具として，おそらく最もよく知られているのは，ビネガーシンドロームの進行程度を測るために IPI が開発した，A-D ストリップでしょう（☞口絵⑭）。これは，酸の量に反応する指示薬を浸透させた試験紙で，フィルムの周囲の空気に含まれる酸の濃度を調べることにより，間接的にフィルムの劣化の度合いを判定しようとするものです。測定に水を使用しないこと，劣化の度合いが目視で判定できることなどから，専門的な知識や技術がなくとも簡便に使えるツールとして，広範な利用実績を有しています。紙片は酸の量に応じて青から緑，黄色へと変色してゆきますが，それぞれの色が，どの程度の劣化に相当するのかが，附属のカラーチャート（鉛筆）を用いて，0，0.5，1，1.5，2，2.5，3 の 7 段階のレベルで判定できます。ここでいうレベル 1.5 より上か下かが，劣化の進行度を測る分水嶺となります。このレベルは，酢酸濃度でいえば 3〜5ppm に相当する，自触媒作用点とされるレベルで，化学反応によって生じた酢酸が触媒として作用するため，この触媒の量が増加し，反応速度を速めることになります（図 44）。このため，このレベル以上のフィルムについてはいち早い対応が必要になります[61],[64]。

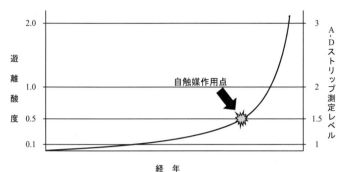

図44 自触媒作用点[31), 64)]

A-Dストリップを仕掛ける際には,測定の対象がTACベースのフィルムであることに注意しましょう。

この段階では,少なくとも,第一段階で酢酸臭がすると判定されたフィルム群については,全点を測定します。ただし,臭いの強弱と劣化の進行度合いは必ずしも一致しません。つまり,臭いがせずとも劣化が進行している可能性はあるわけですから,できれば,コレクション中のTACフィルムすべてを対象に測定したいところです。仮に,ビネガーシンドロームが極度に進み,早急な対策が必要なのであれば,第一段階からA-Dストリップ測定を行うという手順も考えられます。分量が多ければ標本調査で劣化部分を絞り込み,次の悉皆調査で劣化個体を確定します。この場合,先に記した感覚的な判定調査の場合とは母集団が異なりますから,仮に両者を組み合わせて調査を一度に実施しようとする場合には,綿密な標本設計が必要になります。

以上からもわかるように,状態調査について,どのように段階分けをし,どのように進めるべきかを一概にいうことは

できません。重要なことは，さまざまな要素について，無秩序のまま同時に対応しようとするのではなく，複数の筋道を想定しつつ，状況に応じて組み合わせることです。これは，別にマイクロフィルムに限った話ではなく，あらゆるタイプの資料について，これを群として管理する際に有効な考え方だと思われます。

2.5 調査のあとで

(1) 調査と通常業務の架橋

私たちの研究班が国内の大学図書館，都道府県立図書館，国立国会図書館を対象に実施した調査によると，マイクロフィルムを所蔵しているのは有効回答中の474館であり（☞Ⅲ部1.3(3)），そのうちの86館で状態調査が実施されています。しかし，その調査結果を公表しているのは2館にすぎず（☞Ⅲ部1.3(8)），調査の内容やその過程，調査結果の活用のあり方について，広く情報が共有されているとは言い難い状況です。

一方，マイクロフィルム以外の，特に図書・雑誌といった冊子体の資料については，1980年代以降多くの機関において状態調査が企画され，その結果についても相当数が公表されています[65]。ただし，「調査」と大上段に掲げると，一時的なプロジェクトと見なされがちで，日常の業務との架橋が意識されにくいようです。しかし，これまで繰り返し述べたように，資料保存の目的とは，資料の長期的な利用を保証することであり，これを，資料の受入や整理や提供といった業務と並ぶ，資料のメンテナンス業務として位置づけるならば，

状態調査は，この業務の起点となるようなものでなければ，初めから企画する意味はないことになります。

おそらくほとんどの場合，劣化が発覚しなければ，このようなモノの詳細な情報を把握するということ自体，行われないでしょう。したがって，劣化の発覚とは，見方を変えれば，隠蔽すべき汚点などではなく，むしろ資料保存を通常業務として位置づけるための，得難い機縁ととらえるべきだと思われます。

では，前節までに記した調査を踏まえて，その後どのようにすればよいのでしょうか。個体ではなく群を対象として，劣化対策を進める上で最も重要なのは，一気に解決しようとするのではなく，ある程度の時間的なスパンを設定して，できるところから少しずつ継続的に対処していくことです。これは，別に劣化対策に限った話でないことは，容易に理解できるでしょう。ここでも全体を見るマクロの視点と，個体を見るミクロの視点を意識することが大事です。以下，具体的にポイントをあげてみます。

一概に劣化といっても，軽いものから重いものまで状態はさまざまです。これらの中には，温湿度環境さえ整えられれば，そのままでも十分利用に耐えるもの，巻き直しすればよいと判断されるものもあれば，環境がよくても劣化が加速度的に進むもの，既に利用が不可能になっているものもあるでしょう。このことは，調査により個体単位で判明しているわけですから，それぞれについて対処します。

重度の劣化フィルムについては，内容的に重要なものから順に複製を作製します。優先度を付けるに際しては，オリジナルフィルムか複製フィルムかが，大きな指標になるでしょ

う。オリジナルについては，基本的に複製を作製します。複製が困難なレベルにまで劣化が進んでいる場合，原本が存在するのであれば，劣化フィルムは廃棄するという選択肢もあり得ます。仮に原本が既に失われているのであれば，何としてでも救わなければなりません。現在では，さまざまな試行錯誤により，以前では諦めるしかないといわれていた重度の劣化フィルムでも，復原できる可能性があります[66]。

　オリジナルを優先するのは当然として，複製フィルムでも利用頻度の多いものについては，やはり保存の優先度が上がります。ただし，単に利用だけを考えるのであれば，必ずしもマイクロフィルムである必要はないのであって，場合によってはデジタルデータに変換するという選択肢もあり得ます。また，マイクロフィルムの利用がそれほど多くなく，その原本が所蔵されているのであれば，あえて複製は作製せず，原本のみを確実に保存するというのも一つの選択肢です。このように，どの媒体を選ぶか，そもそも複製を作製するかしないかは，それぞれの機関の蔵書構築ポリシーにかかわる問題になります。

　こうした個別の処置は，環境の整備と並行して行わなければ意味がありません。仮に新しく複製を作製したとしても，劣化を引き起こしたような劣悪な環境のままでは，同じことを繰り返すことになります。特にビネガーシンドロームの場合は，空調設定を適正にするだけでは不十分であり，放出された酢酸への対処がどうしても必要です。先に掲げたようなガスバリア袋（☞図44）によって個別にブロックするほかに，空間中の酢酸を吸着する空気清浄機を導入するという方法でうまくいっている事例もあります[26]。

(2) 利用のための保存,保存のための利用

　以上のような過程を経て,劣化対策が一通りすんだら,ようやく,メンテナンス業務としての資料保存業務を軌道に乗せることができます。まずは,保存用のオリジナルフィルムと,閲覧用の複製フィルムを別々に管理することがぜひとも必要です。前者は厳密な環境管理下におきますが,後者はなるべく利用閲覧の環境に近い条件下におくことが基本になります。ただし,複製フィルムであったとしても,TACベースだと保管要件は厳しくなりますから,その場合は,オリジナルフィルムと同様の扱いが必要になります。このように,所蔵フィルムにおいて,オリジナルと複製,TACとPETの構成がどうなっているかによって,保管空間を調整する必要があるでしょう。

　通常の業務の中では,閲覧利用が,フィルムの状態を知る最も身近な機会であると思われます。しかし,質問紙調査によると,マイクロフィルムは,紙資料と比較すると,アクセスのハードルが高いようです。これにはいくつか要因があって,一つには,リーダーの利用にある程度の習熟・経験が必要であると思われていることがあげられます。このことは,利用者だけでなく,管理する側にもいえるようで,リーダーのメンテナンスの方法がわからないため,マイクロフィルムが利用できない状態になっているという機関も少なくありませんでした。しかし,現在では,旧式のリーダーに代わって,パソコンに接続しイメージセンサーで読み取る方式のリーダーが主流となっています。これは,従来のものに比べると安価な上に,デジタル画像よりはるかに高精細であるというマイクロフィルムのもつ特性をより十全な形で活かせるもの

となっています（☞I部3.2(2)）。これならば，マイクロフィルムの閲覧は，通常のパソコン操作の延長上にあると考えられますから，アクセスへの心理的なハードルはそれほど高くないと思われます。

　こうした点を踏まえてみるならば，マイクロフィルムは，デジタル画像よりずっと良質の情報を確実に伝えられる媒体として，また，思われているよりもずっと簡便に利用できる媒体として，そのポテンシャルに見合った評価がなされるのではないでしょうか。

　まずは，このようなマイクロフィルムのもつ特性を，管理する側が理解することが肝要です。その上で，この媒体を今後も活用してゆくという方針をとるのであれば，これを利用に供するための基盤も次第に整えられてゆくことでしょう。OPAC等を通じて所蔵情報を広く公開することはその第一歩になるはずです。利用頻度が上がれば，フィルムの状態を確認する機会も増えます。そうすれば，改めて状態調査を実施せずとも，資料の異常を発見する可能性は高くなるでしょう。つまり，利用のために保存するというだけでなく，保存のために利用するということもいえるのであり，ここに，図書館における資料保存において，利用と保存が切り離せない理由の一端を垣間見ることができます。図書館資料の存在の根拠とは利用されることに尽きると考えるのであれば，保存とはそのために必須の業務であることがここからもわかります。保存とは修復して収蔵庫の奥深くにしまい込んでおくことではないのです。

（矢野正隆）

おわりに

 とかくデジタルに目が向きがちな今,「なぜマイクロフィルム?」と思われる方もいらっしゃるかもしれません。逆に,まだまだ日常的に作製や受入をしてその重要性を日々実感しているという方もいらっしゃることと思います。本文中で述べた統計や質問紙調査の結果からも,積極的に活用しているかどうかにかかわらず,マイクロフィルムを所蔵し,どのように保管すべきか悩んでいる図書館は多いことがうかがえます。

 本書は,図書館情報学・保存科学・歴史学・アーカイブズ学等の研究者やフィルム関連の技術者といった,さまざまな立場からなる執筆陣が協力し,マイクロフィルムについてまとめたものです。既に起きてしまった劣化に対応するのはもちろん必要なことですが,それだけではありません。本書は図書館資料としての位置づけから始まり,物理的な構造や製造方法,歴史,大規模マイクロ化の実例,劣化が発生するメカニズム,保存環境や取り扱い上の実際的かつ具体的な注意点,日本の図書館における現状,保存のための原則と幅広く扱い,総合的な理解につながることを目指しました。通読に加え,必要な箇所だけを参照するといった使い方もできるものと自負しています。こうした私たちの意図が実現できているかどうかは,読者の皆様でご判断ください。

 最後になりましたが,これまでの私たちの調査にご協力くださった図書館・公文書館・博物館等の皆様,写真を提供いただいた株式会社ニチマイおよび株式会社内外テクノスの各社,出版にあたり編集を担当してくださった日本図書館協会事務局出版部の

内池有里氏，私たちの研究会にて随時，有益な意見を賜った内田麻里奈・木部徹・設楽舞・島田要・冨善一敏・森脇優紀・吉田成の各氏にこの場を借りて改めて御礼申し上げます。

　本書が，マイクロフィルムの特徴を理解し，現実的な保存計画を立案するための手引きとなることを願っています。

安形麻理

注

1) 日本図書館協会資料保存委員会『りーふれっと資料保存 2 資料保存 Q&A』2001 年 10 月改訂, 2001. 8p.
2) Eastman Kodak Company『マイクロフィルムの保管と長期保存』1999. 21p. http://wwwjp.kodak.com/JP/plugins/acrobat/ja/business/products/micro/a-2.pdf［参照 2014-08-23］.
3) 木暮元夫　画像形成の場の提供に関与するケミカルス＜『カラー写真感光材料用高機能ケミカルス』普及版, シーエムシー出版, 2002＞ p.42-84.
4) 金澤勇二『マイクロ写真の基礎 Q and A』第二版, 日本画像マネジメント協会, 2003（初版は 2002）. 60p.
5) 岩野治彦 "写真画像と各種画像メディアの保存特性"『写真工業』vol.51, no.4, 1993.4, p.36-42.
6) 帝人デュポンフィルム株式会社 "機械的特性" http://www.teijindupontfilms.jp/product/material/kikai.html［参照 2014-12-12］
7) 服部一敏『マイクロ資料論』全国学校図書館協議会, 1984. 217p.
8) 小島浩之　マイクロフィルムの識別方法＜東京大学経済学部資料室『マイクロフィルム状態調査報告書』2009＞ p.61-62.
9) アドコック（Edward P. Adcock）編『IFLA 図書館資料の予防的保存対策の原則』国立国会図書館翻訳, 日本図書館協会, 2003. 155p.
10) 阿部祐貴, 小林尚美 "PAT（写真活性度試験 = Photographic Activity Test）の概要と有用性：アーカイバル容器の確かな信頼性のために" http://www.hozon.co.jp/report/abe/abe-no002-pat.html［参照 2014-12-11］
11) http://www.en-soph.org/archives/37730451.html［参照 2014-10-19］.
12) 服部一敏 "マイクロ資料に見る技術レポートの変遷"『科学技術文献サービス』No.98, 1992.7, p.1-6.

13) シェラ（J. H. Shera）図書館学，ドキュメンテーション，および情報学について　村主朋英訳＜上田修一編『情報研究への道』勁草書房，1989（情報学基本論文集 I）＞ p.25-38.
14) 酒井悌 "PB レポート"『びぶろす』vol.3, no.8, 1952, p.8-10.
15) 磯田光一等編『新潮日本文学辞典』新潮社，1988. 1756p.
16) 石田尚豊等監修『日本美術史事典』平凡社，1987. 1108p.
17) 朝日新聞東京本社調査部 "マイクロ版について"『朝日新聞』1963 年 1 月 14 日朝刊.
18) 多田俊五　国立国会図書館における新聞資料の保存と利用＜国立国会図書館編『新聞の保存と利用』日本図書館協会，1991＞ p.63-78.
19) デュロー（Jeanne-Marie Dureau），クレメンツ（David W. G. Clements）『IFLA 資料保存の原則』資料保存研究会訳・編，日本図書館協会，1987. 63p.
20) 富士写真フイルム株式会社編『富士フイルム 50 年のあゆみ』1984. 504p.
21) 矢野正隆 "「西洋古典籍デジタルアーカイブ」の特徴と利用法"『東京大学経済学部資料室年報』no.4, 2014.3, p.7-11.
22) 野中治 "京都大学附属図書館所蔵絵巻物「たま藻のまへ」のインターネット公開について"『月刊 IM』vol.39, no.6, 2000.6, p.10-13.
23) 小島浩之 "「古貨幣・古札画像データベース試行版」公開の意義と課題"『月刊 IM』vol.47, no.1, 2008.1, p.10-14.
24) 小島浩之 "図書館資料保存試論"『薬学図書館』vol.58, no.4, 2013.10, p.258-266.
25) 長谷川由紀子 "東京大学明治新聞雑誌文庫のマイクロフィルム保管環境改善対策について"『東京大学経済学部資料室年報』no.3, 2013.3, p.86-92.
26) 佐野千絵　マイクロフィルムの保存と収蔵庫内の空気清浄について＜『マイクロフィルム状態調査報告書』2009＞ p.81-93.

27) 小島浩之　総説 マイクロフィルムの保存と状態調査＜『マイクロフィルム状態調査報告書』2009＞ p.7-24.
28) Tétreault, Jean. *Airborne pollutants in museums, galleries, and archives : risk assessment, control strategies, and preservation management*. Ottawa, Canadian Conservation Institute, 2003. 168p.
29) 佐野千絵 "博物館等施設の室内空気汚染－酢酸・ギ酸濃度"『保存科学』no.38, 1999.3, p.23-30.
30) 日本産業衛生学会 "許容濃度等の勧告（2013年度）"『産業衛生学雑誌』vol.55, no.5, 2013.9, p.182-208.
31) 安江明夫　マイクロ資料の保存状態調査＜同監修『資料保存の調査と計画』日本図書館協会, 2009＞ p.89-105.
32) 国立国会図書館 "マイクロ資料の劣化対策（国立国会図書館の事例）" 2005 http://dl.ndl.go.jp/info:ndljp/pid/1000989 [参照 2014-12-11]
33) 小島浩之, 矢野正隆, 内田麻里奈　PETベースフィルムにおける異常現象についての一考察＜『マイクロフィルム状態調査報告書』2009＞ p.111-121.
34) 潮田峰雄　フィルムベースPETの異常現象の観察と原因究明のための実験報告＜『マイクロフィルム状態調査報告書』2009＞ p.95-102.
35) "銀－ゼラチンマイクロフィルムの処理及び保存方法"（JIS Z-6009:1994）
36) "写真－現像処理済み安全写真フィルム－保存方法"（JIS K-7641:2008）
37) 吉川也志保, 小島浩之, 佐野千絵 "大学における学術資料の保管状況とその問題点－東京大学経済学部図書館の事例"『保存科学』no.46, 2007.3, p.117-130.
38) 古田嶋智子, 呂俊民, 井上さやか, 佐野千絵 "フィルム保管庫における酢酸雰囲気の改善の試み(2)酢酸発生源の推定および紙製写真包装材料からの酢酸除去"『保存科学』no.53, 2014.3,

p.195-203.

39) 野口靖夫『文書の危機管理と災害対策－紙・マイクロフィルム・光ディスクをどのように守り，救済するか』日本実業出版社, 1995. 190p.

40) 日本建築学会編『建築環境工学用教材 環境編』第3版, 日本建築学会, 1995. 101p.

41) Yoko Akiyama, Yuji Shibahara, Shin-ichi Takeda, Yoshinobu Izumi, Yoshihide Honda, Seiishi Tagawa, Shigehiro Nishijima "Analysis of swelling process of protein by positron annihilation lifetime spectroscopy and differential scanning calorimetry," *Journal of Polymer Science, Part B: Polymer Physics,* vol.45, Aug. 2007, p.2031-2037.

42) 高橋圭子等 "劣化映画フィルムから析出した白色固体の分析－ビネガーシンドロームの化学的検証(1)"『東京工芸大学工学部紀要』vol.36, no.1, 2013, p.27-33.

43) 佐野千絵等 "フィルム保管庫における酢酸雰囲気の改善の試み"『保存科学』no.51, 2012.3, p.281-291.

44) "過去の気象データ検索" 気象庁ホームページ http://www.data.jma.go.jp/obd/stats/etrn/index.php［参照 2014-10-29］

45) "学術情報基盤実態調査（旧大学図書館実態調査）" http://www.mext.go.jp/b_menu/toukei/chousa01/jouhoukiban/1266792.htm［参照 2014-12-12］

46)『日本の図書館－統計と名簿2009』日本図書館協会, 2010. 598p.

47) 立石亜紀子, 石山夕記, 三村紗矢香, 金城祐奈, 宮田洋輔, 長谷川豊祐, 上田修一 "日本の大学図書館統計の現状と課題"『現代の図書館』vol.47, no.1, 2009.3, p.54-65.

48) 小島浩之, 安形麻理, 上田修一, 佐野千絵, 矢野正隆 "図書館におけるマイクロフィルム保存の現状と課題－訪問実態調査の分析から"『第60回日本図書館情報学会研究大会発表要綱』2012, p.97-100.

49) 安形麻理, 小島浩之, 上田修一, 佐野千絵, 矢野正隆 "日本の図書館におけるマイクロ資料の保存の現状－質問紙による大学図書館と都道府県立図書館の悉皆調査から"『日本図書館情報学会誌』vol.60, no.4, 2014.12, p.129-147.

50) "平成25年度学術情報基盤実態調査 大学図書館編 3 蔵書数" http://www.e-stat.go.jp/SG1/estat/List.do?bid=000001052755&cycode=0 ［参照 2014-12-12］

51) "平成21年度以降の当館所蔵資料の媒体変換基本計画" http://dl.ndl.go.jp/info:ndljp/pid/999198 ［参照 2014-12-12］

52) 日本画像情報マネジメント協会『デジタル時代のマイクロフィルム入門』日本画像情報マネジメント協会, 2011. 75p.

53) 作業手順は次の文献にならいました。小泉公乃等 "日本において電子書籍はどのように論じられてきたか－雑誌記事と新聞記事の内容分析による論点の整理" *Library and Information Science*, no.68, 2012.12, p.1-22.

54) 国立国会図書館収集書誌部資料保存課編『マイクロフィルム保存のための基礎知識』国立国会図書館, 2012. 7p. http://www.ndl.go.jp/jp/aboutus/preservation/pdf/microfilm2012.pdf ［参照 2014-12-12］

55)『マイクロフィルム保存の手引』日本画像情報マネジメント協会, 2005. 11p. http://www.jiima.or.jp/micro/pdf/Microfilm_hozon.pdf ［参照 2014-12-12］

56) 田崎淳子 マイクロ資料の調査と計画＜『資料保存の調査と計画』日本図書館協会, 2009＞ p.106-121.

57) 東京大学経済学部資料室『マイクロフィルム状態調査報告書』2009. 124p.

58) 赤迫照子 "広島大学図書館におけるマイクロ資料劣化対策－原因と対処"『広島大学総合博物館研究報告』vol.1, 2009, p.39-44.

59) 中尾康朗 "九州大学附属図書館所蔵マイクロ資料の劣化状況調査と分析－中央図書館における調査と長期保存のための考察"『九

州大学附属図書館研究開発室年報』2009/2010, p.29-38.
60) 佐野千絵, 吉田直人, 石崎武志 "文化財公開施設の空気環境評価における変色試験法の再評価 – パッシブインジケータとの相関"『保存科学』no.45, 2006.3, p.215-224.
61) 内田麻里奈　調査で使用する試薬・機器類について – 現場での工夫＜東京大学経済学部資料室『マイクロフィルム状態調査報告書』2009＞ p.58-69.
62) 矢野正隆　標本調査法 – 統計的信頼性について＜東京大学経済学部資料室『マイクロフィルム状態調査報告書』2009＞ p.63-69.
63) 矢野正隆　蔵書状態調査のための標本抽出法＜『資料保存の調査と計画』日本図書館協会, 2009＞ p.123-129.
64) Image Permanence Institute. *User's guide for A-D strips*. 3rd ed., 2007. 17p.（国際マイクロ写真工業社による参考訳あり）
65) 小島浩之, 矢野正隆 "日本の図書館等における蔵書の状態調査—その歴史と方法論"『現代の図書館』vol.46, no.2, 2008.6, p.79-89.
66) 吉田一博, 阪口あき子　劣化8mmフィルム修復技術のマイクロフィルムへの応用 – 失われる「情報遺産」を救う＜東京大学経済学部資料室『マイクロフィルム状態調査報告書』2009＞ p.103-109.

事項索引

●数字・アルファベット順

【数字】
16mm フィルム ······················ 26, 40
35mm フィルム ······················ 26, 40

【アルファベット】
A-D ストリップ ···· 56, 84, 91, 159, 160
Ag ガード ································ 67
COM 目録 ··························· 22, 23
DD ···································· 8, 42
dpi ································· 43-45
HEPA ································ 74, 75
LOAED ························· 85, 86, 88
NC ················ 5, 11, 66, 76, 80, 84, 86
PAT →写真活性度試験
PB レポート ·························· 20-22
PET ········ 5, 6, 10, 62, 64, 66, 68, 77, 87, 102, 124, 125, 139, 147, 148, 164
pixel →画素
ppb ······································· 57
ppm ······································· 57
RH ·· 58
TAC・PET 判定器 ················ 10, 148
TAC ···· 5, 6, 10, 14, 55-58, 63, 64, 66, 67, 76, 77, 80, 87, 90, 92, 94, 102, 124, 125, 139, 143, 144, 147, 148, 152, 160, 164
V-Mail ································· 17

●五十音順

【あ行】
アセトアルデヒド ················ 86, 88
アナログ ···························· 44-47
アパチュアカード ················ 7, 107
アンモニア ············ 8, 66, 81, 86-88
硫黄 ············ 13, 59, 85, 86, 88, 127
イオケミパッド ····················· 135
異臭 ··························· 63, 83, 149
陰画 →ネガ
インターセプトテクノロジー ···· 135
受入（フィルムの）
 ········· 101, 117-120, 128, 154, 161
永久保存（条件） ··········· 64, 65, 128
液状化 ································· 63
エマルジョン →乳剤層
黄変 ································ 59, 60
帯 ······························ 13, 122, 123

オリジナルネガ……………… 8, 42
オリジナルフィルム………… 42, 70, 71, 143, 147, 162, 164
温湿度（管理）…… 54, 63-65, 70-73, 76-84, 121, 122, 133, 150, 151

【か行】
解像力 ……………… 36-38, 41, 42
外的要因 …………………………… 144
学術情報基盤実態調査 ……… 96, 106
隔離 …… 66, 68, 83, 84, 92, 152, 153
画質 ………………………… 40, 42-44
加水分解 …… 55, 76-78, 90, 124, 125, 128, 143
ガスバリア袋 ……… 66, 80, 153, 163
画素 …………………………… 43-45
画像形成層　→乳剤層
画像形成方法 ………… 8, 11, 66, 147
可塑剤 ……………………… 55, 56
活性炭 ………………………………… 89
カビ ……… 62, 68, 75, 80-84, 127
カメラ（マイクロ用）……… 16, 37
枯らし …………………………………… 87
カラー（マイクロ）フィルム … 34-36, 41-43, 50-52, 63, 64, 85, 86
カール ……………………………… 6, 34
カルバーフィルム ………………… 9
換気 …… 67, 74, 75, 79, 81, 87, 88, 92
感光剤 ……………… 8, 55, 80, 125
感光乳剤層　→乳剤層
感光膜　→乳剤層

乾燥剤 …………… 65, 84, 103, 133
管理データ ……………………… 46
ギ酸 ……………………………… 86-88
期待寿命 ………………………… 2, 3, 64
気泡 ………………………… 9, 11, 63
吸着剤（シート）…… 66, 80, 84, 89, 90, 92, 94, 103, 135, 153
許容濃度 …………………………… 57, 92
気流　→空気の流れ
銀塩 ……… 4, 5, 8, 9, 11, 12, 42, 58, 66, 85, 86, 88, 125, 147
銀鏡 ………… 11, 60, 102, 127, 144
空気清浄 ……………………… 74-75, 85-94
空気清浄機 …… 81, 82, 92, 103, 163
空気の流れ …… 70, 75, 82, 105, 150
空調 … 57, 70, 74, 75, 79, 90, 102, 104, 105, 122, 133, 144, 150, 153, 163
区画化　→ゾーニング
クラック ……………………… 63, 65
グレースケール ………………… 46
燻蒸 ………………………………… 83
形態（フィルムの）…… 147, 154, 155
結晶化 ………………… 55, 56, 89
検索手段 ………………… 26, 115, 116
現像 ………………………… 38-40
現像機 ………………………… 39
検知管 …………… 56, 91, 102, 152
原秩序 ………………………… 25
固着 ……………… 56, 61, 68, 150
コロイド銀 ………………………… 60
コンサベーション ……………… 143

事項索引……… 175

【さ行】

再水洗·· 67
最低毒性発現量　→LOAED
酢酸········ 56, 57, 67, 68, 76-78, 80,
　84, 86-92, 94, 103, 105, 124, 135, 144,
　148, 152, 153, 158, 159, 163
酢酸吸着剤································ 153
酢酸臭········ 56, 57, 63, 68, 78, 91,
　102, 125, 151
酢酸濃度······ 56, 57, 91, 92, 102, 159
酢酸量····································· 90, 152
酸化··· 59, 60, 88
三酢酸セルロース　→TAC
ジアゾ········ 8, 9, 11, 63, 66, 125, 147
色素··· 63
支持体　→ベース
自触媒作用点···························· 159, 160
施設（収蔵，保存）
　············ 65, 70, 71, 74, 83, 104, 144
下引層·· 6
ジャケット（マイクロフィッシュ）
　·· 14
写真活性度試験···························· 14
自由水······································· 78, 87
集成······································· 25-27
（収納）容器······ 13, 60, 62, 67, 81, 86,
　91, 114, 122, 123, 147
状態調査
　····· 58, 103, 127, 128, 135, 154-162
除湿器···················· 57, 65, 72, 79, 105
所蔵数（マイクロ資料の）
　············· 96-99, 107, 112-116, 138
所蔵情報（マイクロ資料の）
　··· 104, 115, 116, 138, 146, 147, 165
シリカゲル································ 65, 89
白黒（フィルム）
　············· 4, 11, 34, 36, 41, 42, 64
芯　→リール（フィルムの）
塵埃··································· 70, 74, 80-82
新聞のマイクロ版···················· 28-30
水損フィルム····························· 68, 69
世代（フィルムの）······················ 8, 147
潜像··· 38
蔵書構築ポリシー························ 163
送風機·· 79, 82
組成（フィルムの）···················· 4, 34, 35
ゾーニング······························ 71, 74, 94

【た行】

褪色··························· 58-60, 63, 67, 88, 125
代替保存····································· 3, 47, 48
断熱·························· 65, 70-73, 88, 94
ダンパー装置······························· 75
窒素酸化物········ 76, 77, 80, 85-87, 89
チャタテムシ······························· 83
中期保存····································· 64, 65
長期保存······ 9, 14, 29, 30, 51, 54, 55,
　64, 65, 103, 119, 120, 128, 145
長期保存のための三要素············ 54
デジタル································· 43-47
デジタル化········· 30, 40, 42, 49-52,
　101, 119, 120, 139

データロガー …………… 72, 78, 151
手袋 ………………… 12, 67, 82, 103
添着剤 …………………………… 89
ドキュメンテーション ……… 18, 19
図書館調査 …………………… 96, 98

【な行】
内的要因 ……………………… 144
二値 …………………………… 45, 46
ニトロセルロース　→ NC
乳剤 ……………………………… 33
乳剤層 ……………… 4-6, 35, 36, 38-40, 61, 62, 68, 69
乳剤番号 ………………………… 34
乳剤面 …………………………… 12
ネガ …… 7, 8, 12, 24, 42, 123, 124, 143, 147
熱伝導率 ………………………… 73
ノーパーフォレーション …… 38, 39

【は行】
媒体変換 …… 31, 48, 120, 131, 138, 139
バインダー …………………… 6, 35
剥離 ………………… 61, 84, 157
破断 ………………… 10, 61, 149, 150
バック（裏引）層 ……… 4-6, 61, 62
パッシブインジケータ …… 91, 152
パーフォレーション ………… 37, 38
貼り付き …… 6, 56, 61, 102, 127, 150
ハレーション ………………… 6, 35
ハロゲン化銀 ……………… 5, 36, 38

ビネガーシンドローム …… 6, 42, 55-58, 63, 66-68, 76, 84, 87, 90-92, 102, 105, 124-129, 134, 143, 144, 148, 151, 153, 158-160, 163
ひび割れ　→クラック
標本調査 ………… 156, 157, 159, 160
標本の大きさ ………………… 156
フィルター ……………… 74, 75, 92
フィルムの構造 ……………… 4-6, 35
フェロ化 ………… 61, 62, 102, 144
フェロタイピング ……………… 61
複製（フィルム）…… 8, 16, 42, 135, 139, 143, 162-164
フタル酸 ………………………… 87
物理的強度 ……………………… 10
舟 …………………………… 13, 14
ブラウントナー ………………… 67
プリザベーション ………… 143, 144
ブリップマーク ………………… 40
ブレミッシュ …… 11, 60, 85, 102, 127, 143
分離保管 ……………………… 9, 66
ベシキュラー …… 8, 9, 11, 63, 66, 125
ベース …… 5, 10, 11, 33-36, 55-58, 61, 63, 66, 76, 102, 103, 147
変色 ………………… 9, 58-60, 63, 66
包材 ……… 13, 14, 59, 60, 68, 86, 89, 122, 123, 147
包材交換 …………………… 68, 135
放散作業 …………………… 67, 103
防湿庫 ………………… 66, 72, 92

訪問調査	99
保護膜	5, 35
ポジ	7, 8, 12, 42, 123, 124, 143, 147
保存環境	57-60, 70-75, 78-94, 131, 133
保存管理	121, 142, 146
保存・技術・費用	51, 52
保存のための利用	164
保存用フィルム	7, 8, 12
ポリエチレンテレフタレート	→PET
ホルムアルデヒド	86, 88

【ま行】

マイクロ（フィルム）化……24, 26, 29, 31, 47-49, 51, 52, 118-120, 124, 139
マイクロカード…………………7
マイクロスコピックブレミッシュ
　→ブレミッシュ
マイクロスコープ…………16, 17
マイクロスポット………………60
マイクロフィッシュ…6, 7, 10, 13, 14, 16, 22, 96-98, 101, 106, 107, 114
マイクロ・リーダー　→リーダー
巻き癖　→カール
巻き直し…………67, 103, 135, 162
マスターフィルム……………23, 29
マット剤………………………6
無孔……………………7, 13, 123

無作為抽出…………………156
メメックス…………………19, 20
木材……………71, 73, 77, 87-89, 94
モレキュラーシーブ……………89

【や行】

有孔………………………7, 13, 123
優先度……………………157, 162, 163
陽画　→ポジ

【ら行】

リスト化……………………49, 128
リーダー……22, 40, 45, 46, 67, 98, 103, 115, 121, 130, 131, 136, 149, 164
リード………………………10, 61
硫化……………………59, 85, 86
利用のための保存………………164
利用頻度…………………120, 163, 165
リール（芯）……13, 60, 73, 86, 123, 147
履歴（フィルムの）………147, 148, 154, 155
リワインダー……………………67
劣化（定義）……………………54
劣化調査　→状態調査
ロールフィルム…6, 7, 10, 12, 13, 62, 96-98, 101, 106, 107, 114, 122, 123

【わ行】

湾曲……………………55, 56, 102

著者紹介

小島　浩之（こじま　ひろゆき）
1971年生。京都大学大学院文学研究科修了。現職は東京大学大学院経済学研究科講師。専門は東洋史学および歴史資料の保存と活用に関する研究。最近の資料保存関係の著作には"資料保存を意識した図書館建築論"（『専門図書館』266, 2014），"図書館資料保存試論"（『薬学図書館』58-4, 2013）などがある。

上田　修一（うえだ　しゅういち）
1947年生。慶應義塾大学大学院博士課程修了，慶應義塾大学文学部教授を経て，現職は立教大学文学部特任教授。専門は図書館情報学。主著に『RDA入門』（日本図書館協会, 2014），『図書館情報学』（勁草書房, 2013），『情報の発生と伝達』（勁草書房, 1982），『図書館と資料保存』（雄松堂出版, 1995）などがある。

野中　治（のなか　おさむ）
1971年に富士フイルム㈱入社後，情報システム部に所属して，マイクロフィルムおよび機器の新製品開発に携わり，主に市場に出す新製品の評価を担当。1988年に国立国会図書館での「明治期刊行図書」のマイクロフィルム化を担当したのを機に，営業部門に異動。主に図書館，大学，歴史史料館等の国宝や重要文化財を含めた貴重史料のマイクロ化・デジタル化をし，データとして後世に残す仕事をしてきた。

佐野　千絵（さの　ちえ）
1959 年生。東京大学大学院理学系研究科修了。理学博士。独立行政法人国立文化財機構東京文化財研究所保存修復科学センター生物科学研究室長を経て，現職は保存科学研究室長。専門は文化財保存環境学。主著に『博物館資料保存論－文化財と空気汚染』（みみずく舎，2010），『文化財保存環境学』（朝倉書店，2004），"知っておきたいカビ対策のイロハ"（第17分科会　資料保存）（『第100回全国図書館大会東京大会要綱』同大会組織委員会，2014），"図書資料のカビ対策：三康図書館の事例"『保存科学』42，2002　共著）がある。

安形　麻理（あがた　まり）
1976 年生。ロンドン大学修士課程・慶應義塾大学大学院博士課程修了。現職は慶應義塾大学文学部准教授。専門は書誌学・デジタル書物学・情報メディア。主著に『デジタル書物学事始め：グーテンベルク聖書とその周辺』（勉誠出版，2010）。"聖書に見る本文の構造の覚的な提示方法"『貴重書の挿絵とパラテクスト』（松田隆美編．慶應義塾大学出版会，2012）などがある。

矢野　正隆（やの　まさたか）
1972 年生。京都大学大学院文学研究科修了。現職は東京大学大学院経済学研究科助教。専門はベトナム前近代史およびアーカイブズ資料の保存。主な論文に"MLA におけるメディアの特性とアクセスに関する試論"（『アーカイブズ学研究』20, 2014）"資料保存"（『図書館界』61-5，2010）などがある。

視覚障害者その他活字のままではこの本を利用できない人のために、日本図書館協会及び著者に届け出る事を条件に音声訳（録音図書）及び拡大写本、電子図書（パソコンなど利用して読む図書）の製作を認めます。但し、営利を目的とする場合は除きます。

◆JLA 図書館実践シリーズ　27
図書館資料としてのマイクロフィルム入門

2015 年 3 月 30 日　　初版第 1 刷発行©

定価：本体 1700 円（税別）

編　者：小島浩之
著　者：安形麻理・上田修一・小島浩之・佐野千絵・野中治・矢野正隆
発行者：公益社団法人　日本図書館協会
　　　　〒104-0033　東京都中央区新川1-11-14
　　　　Tel 03-3523-0811㈹　Fax 03-3523-0841
デザイン：笠井亞子
印刷所：㈱丸井工文社
Printed in Japan
JLA201427　　ISBN978-4-8204-1420-9
本文の用紙は中性紙を使用しています。

JLA 図書館実践シリーズ　刊行にあたって

　日本図書館協会出版委員会が「図書館員選書」を企画して 20 年あまりが経過した。図書館学研究の入門と図書館現場での実践の手引きとして，図書館関係者の座右の書を目指して刊行されてきた。

　しかし，新世紀を迎え数年を経た現在，本格的な情報化社会の到来をはじめとして，大きく社会が変化するとともに，図書館に求められるサービスも新たな展開を必要としている。市民の求める新たな要求に対応していくために，従来の枠に納まらない新たな理論構築と，先進的な図書館の実践成果を踏まえた，利用者と図書館員のための出版物が待たれている。

　そこで，新シリーズとして，「JLA 図書館実践シリーズ」をスタートさせることとなった。図書館の発展と変化する時代に即応しつつ，図書館をより一層市民のものとしていくためのシリーズ企画であり，図書館にかかわり意欲的に研究，実践を積み重ねている人々の力が出版事業に生かされることを望みたい。

　また，新世紀の図書館学への導入の書として，一般利用者の図書館利用に資する書として，図書館員の仕事の創意や疑問に答えうる書として，図書館にかかわる内外の人々に支持されていくことを切望するものである。

2004 年 7 月 20 日

日本図書館協会出版委員会

委員長　松島　茂

図書館員と図書館を知りたい人たちのための新シリーズ！
JLA 図書館実践シリーズ 既刊20冊，好評発売中

（価格は本体価格）

1. **実践型レファレンスサービス入門　補訂版**
   斎藤文男・藤村せつ子著／203p／1800円

2. **多文化サービス入門**
   日本図書館協会多文化サービス研究委員会編／198p／1800円

3. **図書館のための個人情報保護ガイドブック**
   藤倉恵一著／149p／1600円

4. **公共図書館サービス・運動の歴史 1**　そのルーツから戦後にかけて
   小川徹ほか著／266p／2100円

5. **公共図書館サービス・運動の歴史 2**　戦後の出発から現代まで
   小川徹ほか著／275p／2000円

6. **公共図書館員のための消費者健康情報提供ガイド**
   ケニヨン・カシーニ著／野添篤毅監訳／262p／2000円

7. **インターネットで文献探索　2013年版**
   伊藤民雄著／197p／1800円

8. **図書館を育てた人々　イギリス篇**
   藤野幸雄・藤野寛之著／304p／2000円

9. **公共図書館の自己評価入門**
   神奈川県図書館協会図書館評価特別委員会編／152p／1600円

10. **図書館長の仕事**　「本のある広場」をつくった図書館長の実践記
    ちばおさむ著／172p／1900円

11. **手づくり紙芝居講座**
    ときわひろみ著／194p／1900円

12. **図書館と法**　図書館の諸問題への法的アプローチ
    鑓水三千男著／308p／2000円

13. **よい図書館施設をつくる**
    植松貞夫ほか著／125p／1800円

14. **情報リテラシー教育の実践**　すべての図書館で利用教育を
    日本図書館協会図書館利用教育委員会編／180p／1800円

15. **図書館の歩む道**　ランガナタン博士の五法則に学ぶ
    竹内悊解説／295p／2000円

16. **図書分類からながめる本の世界**
    近江哲史著／201p／1800円

17. **闘病記文庫入門**　医療情報資源としての闘病記の提供方法
    石井保志著／212p／1800円

18. **児童図書館サービス 1**　運営・サービス論
    日本図書館協会児童青少年委員会児童図書館サービス編集委員会編／310p／1900円

19. **児童図書館サービス 2**　児童資料・資料組織論
    日本図書館協会児童青少年委員会児童図書館サービス編集委員会編／322p／1900円

20. **「図書館学の五法則」をめぐる188の視点**　『図書館の歩む道』読書会から
    竹内悊編／160p／1700円